Diccionario básico de Pensamiento Científico y Epistemología

DICCIONARIOS BÁSICOS

La Bisagra | Buenos Aires | 2014

Fau, Mauricio Enrique
    Diccionario básico de pensamiento científico y epistemología. - 1a ed. - Buenos Aires :
La Bisagra Editorial, 2014.
    128 p. ; 17x11 cm. - (Diccionarios básicos / Mauricio Enrique Fau; 7)

    ISBN 978-987-1719-36-5

    1. Epistemología. 2. Diccionarios. I. Título
    CDD 121

Fecha de catalogación: 06/02/2014

Colección Diccionarios Básicos
Director de la colección › Lic. Mauricio E. Fau

Mauricio Fau se graduó en la Licenciatura en Ciencia Política en la Universidad de Buenos Aires, UBA. Cursó también estudios de grado en la Carrera de Derecho de la UBA y en la Carrera de Periodismo de la Universidad de Morón.

Asimismo realizó materias de posgrado de la Maestría en Ciencias Sociales con especialización en Ciencia Política de la Facultad Latinoamericana de Ciencias Sociales, FLACSO.

Asistió a diversos talleres y seminarios en instituciones educativas, entre ellas el Instituto Argentino de Desarrollo Económico, IADE.

Representando a FLACSO participó con una ponencia en las Jornadas Nacionales Nietzsche 1994 y su exposición forma parte del libro alusivo, editado por la Editorial Universitaria de Buenos Aires, EUDEBA. Ha colaborado también con publicaciones vinculadas a las Ciencias Sociales y co-dirigió programas radiales de temática histórico-política.

Profesionalmente, se desempeñó como docente de la Carrera de Ciencia Política de la UBA y actualmente es Director Académico de La Bisagra Editorial y autor de numerosos libros de temática universitaria.

Derechos exclusivos ©2014, La Bisagra Editorial.
Tonelero 5971, CP 1408, CABA, 4642-3802.
Salón de ventas: Librería TODO CBC, Viamonte 2011, CABA.
Impreso en Arieimpresores, Mariano Acha 2415 (1430), C.A.B.A., en el mes de marzo de 2014.

1° impresión en esta colección: 500.
Hecho el depósito que prevé la ley 11.723
Impreso en Argentina

Diseño de tapa e interior: María Eugenia Vigna
Ilustración de tapa: Leandro Fernández Fau

Escribo para que la muerte no tenga la última palabra.

Odysseus Elytis, poeta griego

DATOS BIOGRÁFICOS

DEL AUTOR

Mauricio Fau se graduó en la Licenciatura en Ciencia Política en la Universidad de Buenos Aires, UBA.

Cursó también estudios de grado en la Carrera de Derecho de la UBA y en la Carrera de Periodismo de la Universidad de Morón.

Asimismo realizó materias de posgrado de la Maestría en Ciencias Sociales con especialización en Ciencia Política de la Facultad Latinoamericana de Ciencias Sociales, FLACSO.

Asistió a diversos talleres y seminarios en instituciones educativas, entre ellas el Instituto Argentino de Desarrollo Económico, IADE.

Representando a FLACSO participó con una ponencia en las Jornadas Nacionales Nietzsche 1994 y su exposición forma parte del libro alusivo, editado por la Editorial Universitaria de Buenos Aires, EUDEBA.

Ha colaborado también con publicaciones vinculadas a las Ciencias Sociales y co-dirigió programas radiales de temática histórico-política.

Profesionalmente, se desempeñó como docente de la Carrera de Ciencia Política de la UBA y actualmente es Director del Departamento Académico de la firma Soluciones Universitarias, especializada en la elaboración de materiales didácticos para el ingreso a la Universidad.

DEL REVISOR

Rocío Pichon Rivière cursó la Carrera de Filosofía en la Universidad de Buenos Aires, con especialidad en temas de Lógica y Epistemología.

PREFACIO

Elaborar este diccionario –y los demás que forman la colección de Diccionarios Básicos– ha sido una tarea ardua e intensa, pero muy satisfactoria.

Las miles de horas dedicadas al trabajo se ven recompensadas por la convicción de que el lector encontrará un material realmente valioso, realizado con la mayor seriedad.

En lo personal, me ha sido de suma utilidad el verme ante el desafío de elaborar un contenido que incluya las más diversas manifestaciones del pensamiento, con la convicción de que es desde el conocimiento de lo diverso como se constituyen las propias ideas.

Sin caer en un eclecticismo vacío ni oportunista, la legítima aspiración a la objetividad científica se topa indefectiblemente con la toma de posición, la cual –a la inversa– es puesta en cuestionamiento, es interpelada, por ideas diferentes e incluso antagónicas.

Estoy convencido de que la verdadera libertad del hombre pasa, no por una pretendida objetividad dogmática, sino por la posibilidad de tener acceso a todas las voces, a todos los discursos, a todos los conflictos. Sólo de ese modo –es decir conociendo perfectamente aquellas ideas que no son las nuestras– podremos realmente elegir de un modo no dogmático las propias.

La vieja idea ilustrada del enciclopedismo mantiene su vigencia. El objetivo de este Diccionario es aportar un granito de arena en la titánica lucha por la liberación humana de toda forma de opresión.

Si por intermedio de este libro el lector logra aprender y aprehender algo más de lo que ya sabía. O mejor, si se topa con ideas que contradicen las suyas hasta hacerlas tambalear. Si se produce esa *sacudida*, entonces el objetivo estará cumplido. Las grandes revoluciones de la historia requieren tanto de una transformación social material como de un cambio en la cabeza de sus protagonistas.

El autor

CARACTERÍSTICAS
DEL DICCIONARIO

- Los términos más utilizados en el ámbito universitario

- Explicación breve, pero precisa y completa

- Definiciones basadas en la bibliografía propuesta en los programas de las materias del Ciclo Básico Común de la Universidad de Buenos Aires (CBC), el sistema a distancia UBA XXI y otros de diversos universidades públicas y privadas

- Gran cantidad de remisiones, para que el lector encuentre el término que busca

- Referencias cruzadas destacadas que permiten pasar de una definición a otra vinculada y así sucesivamente. Así, partiendo de cualquier definición del Diccionario es posible recorrer diversas rutas: el conjunto de una teoría, cotejar teorías diferentes, asociar y agrupar términos, recorrer la obra completa de un autor por medio de sus conceptos claves

- Contextualización rápida: en las entradas referentes a personajes históricos y pensadores, inmediatamente después del apellido y nombres se ofrecen datos como la fecha de nacimiento y muerte, nacionalidad, profesión, etc

• Términos no unívocos: en el caso de las entradas cuyas definiciones dependen de la teoría en la que se encuadren, esto se aclara específicamente. Esto es útil a los lectores para comparar y advertir la diversidad ideológica que tienen muchos términos, reforzando el espíritu pluralista y crítico, reconociendo las cargas ideológicas diferentes y hasta opuestas

• Obras claves: libros fundamentales con su autor y fecha en el que fueron escritos. Este recurso resulta muy útil para comenzar a leer un libro ya que permite contextualizarlo (con la época y el lugar en que se hizo) y ver sus ideas principales

• Términos clave de un autor: se trata de términos pertenecientes o muy ligados a un autor en particular

• Inicial: en la definición se utiliza la inicial de la entrada en cuestión

• Ejemplos: cada vez que lo hemos considerado necesario se han introducido ejemplos aclaratorios

• Letras Ch y Ll: de acuerdo con las recomendaciones de la Asociación de Academias de la Lengua Española para los diccionarios, las letras ch y ll no figuran en forma independiente sino que aparecen en el orden correspondiente dentro de la c y la l respectivamente

• Términos de otras lenguas: las palabras pertenecientes a lenguas distintas del español son presentadas en letra cursiva

• Bibliografía: al final del Diccionario, el lector hallará una bibliografía cuidadosamente seleccionada que constituye una verdadera biblioteca esencial de cada disciplina

A

A posteriori: **Enunciado** que necesita de la **experiencia** sensible para su fundamentación. Es una propiedad del **conocimiento** y por extensión de los **juicios** y **enunciados informativos**. Opuesto: *a priori*.

A priori: Se trata de todo **enunciado** que no precisa de la **experiencia sensible** para su fundamentación, porque se apoya en principios de la pura razón, que son anteriores a toda experiencia sensible. Es una propiedad del **conocimiento** y por extensión de los **juicios** y **enunciados informativos**. Opuesto: *a posteriori*.

A priori (**Immanuel Kant**): Antes de **Kant**, filósofos como **Leibniz** y **Hume** afirmaban que los **enunciados** AP son analíticos y viceversa (Hume los llamaba *relaciones de ideas* y Leibniz *verdades de razón*). Kant distinguió el par *a posteriori*-AP del par *sintético-analítico* y desde entonces es una acalorada discusión filosófica la de si acaso todos los enunciados AP son analíticos y todos los enunciados *a posteriori* son sintéticos o si en cambio estas categorías presentan más combinaciones (por ejemplo, si existen enunciados que sean a la vez *a posteriori* y analíticos). Kant sostuvo que existen **juicios sintéticos AP** (en particular, los enunciados matemáticos y físicos, entre otros). Kant entiende la apriridad como una **necesidad** absoluta pero no como la necesidad **lógica** de que una **tautología** sea verdadera, pues estos tipos de verdades son formales (hablan acerca del correcto uso de **símbolos**, son verdades analíticas) y no hablan acerca del mundo. Por ejemplo: "Todos los hijos tienen padres biológicos" es necesariamente verdadero porque así se define el término "hijo". Pero esta afirmación no nos permite saber nada acerca de si hay hijos en el mundo real ni hacer **predicciones** ni **explicaciones** causales de **fenómenos empíricos**. Los enunciados AP sí pueden hablar acerca de la **empiria**; en ese caso son sintéticos, pero son independientes de ésta en un sentido **epistemológico**: un juicio AP no se justifica por referencia a la **experiencia** sensible. Lo AP no se aplica a la **cosa en sí** sino sólo a los fenómenos.

Abducción: Ver **razonamiento abductivo**.

Acontecimiento (**Karl Popper**): La clase de todos los **enunciados singulares** que hacen referencia a un mismo hecho concreto y particular. Por ejemplo, "La pelota P ha caído en dos segundos desde una altura de 4 metros, el 11/12/04 a las 23 hs, en la cancha de fútbol 5 *Fatigatti*", "Cuando tiré mi pelota se elevó cuatro metros y cayó en dos segundos, en mi último cumpleaños, a la noche", "Dicembre the 11th 2004, 11 PM: ball P has fallen in 2s from a high of 4m, ...", es un A. Es decir, un A es un hecho particular desde un punto de vista lingüístico. Opuesto: **evento**, que refiere a los aspectos generales.

Adecuación: Ver **validación**.

Afirmación: 1. **Enunciado** de una **proposición afirmativa** (cuya **conectiva** principal no es la **negación**). 2. Enunciado de una proposición que se pretende que sea verdadera. Opuesto: **negación**.

Afirmación empírica singular: Parte de la **estructura** de una **teoría** científica, convencionalmente denominada "**nivel 1**". Son aquellos **enunciados** referidos a una situación particular que describen lo observable, ya sea de manera directa o por medio de instrumentos de **observación**. Por ejemplo, "En el preparado que está ahora en el microscopio hay bacterias."

Alético: (Del griego *aletheia*, "verdad"). Referido a la **verdad** o el "desocultar".

Ambigüedad: Aquello que puede interpretarse de distintas maneras. Se produce cuando una palabra tiene más de un **significado** (polisemia). La A sólo puede reducirse o eliminarse por medio de la evaluación del contexto. Por ejemplo, "Vela" (A lexical) o "El animal de Alejandro comió muchísimo" (A sintáctica). Ver **anfibología**.

Ambigüedad de la inducción: Es una de las **paradojas de la inducción**, el problema de que hay evidencia o elementos de **prueba** disponibles que proporcionan una base para dos **argumentos** inductivamente correctos y cuyas **conclusiones** se contradicen. Al desarrollar su **sistema** de **lógica** inductiva, **Carnap** propuso como solución al problema, el requisito de prueba total, según el cual un **razonamiento inductivo** debe tener entre sus **premisas** toda la evidencia disponible y relevante (de modo que no puede haber otro razonamiento con premisas diferentes y **conclusión** contradictoria). Por ejemplo: 1) Un micro con destino a Neuquén va a hacer un viaje sin paradas ni desvíos y ha sido revisado recientemente por un inspector, según el cual el micro cumple con todos los requisitos de seguridad. Además lo maneja un chofer prudente. Por lo tanto, es probable que el micro llegue a destino a la hora indicada, 2) El micro está en buenas condiciones salvo porque hoy a la mañana se le han roto los frenos. Por lo tanto, es muy probable que no llegue a destino a la hora esperada.

Análisis: (Del griego *análisis*, "desatar" o "descomponer"). Separación o división de los elementos o partes de un todo para su estudio detallado. Opuesto: **síntesis**.

Análisis *ex ante*: **Análisis** que parte de la recolección de **datos** o hechos acaecidos para buscar sus **causas** y elaborar **hipótesis** explicativas. El AEA es propio del **inductivismo**.

Análisis *ex post*: **Análisis** en que ante un **problema** dado se propone una solución posible a modo de **hipótesis** a partir de la cual se buscan determinados **datos**. El AEP es propio del **método hipotético-deductivo**, entre otros.

Analiticidad explícita: Proposición analítica, donde la relación entre los términos es visible. Por ejemplo, "Todas las odontólogas son odontólogas".

Analiticidad implícita: Proposición analítica, donde la relación entre los términos está parcial o totalmente oculta. Por ejemplo, "Todas las odontólogas son mujeres".

Analítico (Immanuel Kant): En **lógica**, un juicio es A cuando su predicado está ya contenido en el **sujeto**, por lo que no le agrega nada nuevo. Es decir que se trata de una **tautología**. Por ejemplo, "El triángulo tiene tres lados". Opuesto: **sintético**.

Analogía: Razonamiento que lleva al descubrimiento de lo desconocido, partiendo de algo conocido cuyas características, propiedades o **funciones** sean semejantes en algún aspecto. Por ejemplo, a partir de saber que había seis planetas que ejercían atracción gravitatoria sobre Urano -lo cual explicaba una parte de las perturbaciones sufridas por éste- se hizo una A por la cual se llegó a la **conclusión** de que había un séptimo planeta aún desconocido. Basándose en esos **datos**, otros científicos descubrieron rápidamente al planeta que hoy conocemos como Neptuno.

Anarquismo metodológico (Paul Feyerabend): Postura minoritaria dentro de la **epistemología** surgida a fines de la década de 1960, que plantea el "no método", el rechazo de la necesidad de una **metodología**, fundado en la creencia de que siempre que la **ciencia** ha avanzado lo ha hecho en contra de las reglas metodológicas vigentes.

Anomalía (Thomas Kuhn): Los problemas que se le presentan a un **paradigma** se dividen en tres clases: problemas que se consideran irrelevantes (como cuestiones religiosas, metafísicas, etc.), **enigmas** y **anomalías**. Los enigmas son los problemas que la **ciencia normal** se dedica a resolver. Una A se presenta cuando se reconoce que un **dato empírico** ha violado las expectativas creadas por el paradigma. Frente a una A los científicos

pueden ajustar algún capítulo de su paradigma para que aquel dato anómalo se convierta en lo esperado y deje por tanto de representar una A. De lo contrario, si la A es importante puede provocar una **crisis** del paradigma científico y en casos extremos una **revolución científica**.

Antinomia: Par de **hipótesis** contradictorias entre sí. Por ejemplo, "llueve" y "no llueve". Por extensión, se llama A a toda **dicotomía** o planteo con dos alternativas opuestas entre sí.

Antítesis: Proposición contraria a otra llamada **tesis**, y que se resuelve en una tercera, llamada **síntesis**. En la **dialéctica**, es el momento de la **negación**. En la **escolástica** este es el nombre que se le daba a la **hipótesis del absurdo** en una **prueba indirecta**.

Apodíctico: Proposición necesariamente verdadera e irrefutable. Por ejemplo, la afirmación **cartesiana "Pienso, luego existo"** suele considerarse evidente por sí misma. (Ver **proposición apodíctica**). Para **Aristóteles**, un **razonamiento** es A cuando es **válido** y sus **premisas** son verdaderas.

Apoyo empírico: Ver **apoyo inductivo**.

Apoyo inductivo (positivismo lógico): Refuerzo que los **datos** favorables dan a una **hipótesis**. Para el **confirmacionismo**, las hipótesis de las **ciencias fácticas** –generalizaciones empíricas o proposiciones con **términos teóricos**- reciben de las **implicaciones contrastadoras** un AI que las confirma, aunque nunca las **verifica**, ya que siempre estará la posibilidad de que una implicación contrastadora desfavorable las **refute**.

Apoyo teórico (positivismo lógico): Refuerzo que **teorías** independientes dan a una **hipótesis** que no ha sido contrastada. **Hempel** cita el ejemplo de la hipótesis de la caída libre en la Luna la cual -aunque nunca había sido contrastada- tenía un AT fuerte, porque se seguía **deductivamente** de la teoría newtoniana de la gravitación y del movimiento, fuertemente apoyada por un cuerpo altamente diversificado de testimonios **empíricos**.

Apriorístico: Que es *a priori*.

Argumento: Razonamiento que se utiliza para demostrar una **proposición**. Proceso en el cual se presentan elementos de juicio a favor de una **explicación**.

Aserción: Enunciado que transmite una certeza o un **juicio** cuyo **significado** se estima verdadero. Puede ser positiva (**afirmación**) o negativa (**negación**), y se opone a la duda.

Asimetría entre verificación y refutación (falsacionismo ingenuo): Posición que sostiene que un solo caso falso refuta una **teoría**, mientras que miles de casos favorables sólo la corroboran, pero nunca la confirman ni verifican. El **argumento** en favor de la AVYR es de orden lógico: la forma del **razonamiento** de **falsación** es válida (*modus tollens*) mientras que la del razonamiento de **verificación** o **corroboración** (**falacia de afirmación del consecuente**) no lo es. Las opiniones están divididas sobre si Karl **Popper** defiende este principio. La crítica más contundente que recibió esta posición es el argumento holístico (ver **holismo**).

B

Bachelard, Gastón (1884-1962): Filósofo y epistemólogo francés. A partir de la década del ´20 inició sus trabajos filosóficos y en particular, sus **teorías** acerca del **conocimiento científico** a partir del estudio de la **historia** de la **ciencia**. En la concepción de B sobresalen dos tesis: 1- sostiene que los conocimientos científicos progresan a través de un desarrollo racional dialéctico. El **progreso científico** no es acumulativo: para que la ciencia avance se hace necesaria una previa destrucción de las teorías establecidas. Los conocimientos progresan a través de una retroacción que agrieta y va destruyendo sus principios iniciales. No hay un proceso continuo de avances científicos: la ciencia avanza por discontinuidad, dando un salto en cada rectificación, 2- La otra característica de importancia de la visión de B es la atención que éste da al contexto social e histórico: la ciencia no se desarrolla en el vacío sino que lo hace al interior de cierto marco de historicidad (hay un desarrollo de estas nociones en la entrada **ruptura epistemológica**). Su principal continuador fue Georges Canguilhem y se pueden establecer vínculos con la teoría de Thomas **Kuhn**. Entre sus obras principales encontramos a: *La formación del espíritu científico* (1938).

Bacon, Francis (1561-1626): Filósofo inglés, formuló los principios del **método científico** moderno, por lo que fue considerado el fundador de la **ciencia** experimental (por ejemplo, en las **leyes** de la mecánica). Sostenía que -una vez que se constata la **verdad** de los **enunciados particulares-** se puede inferir por medio de la **inducción** la verdad de los **enunciados universales.** Sus críticos sostienen que no existe justificación lógica para la **inferencia** inductiva. Uno de los pioneros del **empirismo,** B centró su atención en la naturaleza y el **conocimiento** del mundo y no en el intelecto, base fundamental del pensamiento aristotélico concebido por la **lógica** deductiva. Entre sus obras principales encontramos a: *Novum Organum. Ordenación metódica de las ciencias* (1620).

Base empírica: 1. Hechos singulares observables. **2.** G. **Klimovsky** define BE como el conjunto de las entidades cuyo **conocimiento** se considera directamente observable. **3. (empirismo lógico)** El conjunto de **enunciados observacionales** de una **teoría.** Ejemplo: "El metal x se dilató con el calor".

Berkeley, George (1685-1753): Filósofo y clérigo irlandés. Defensor del **bien común,** concepción filosófica que afirma la existencia de un conjunto de elementos materiales y morales tendientes a la felicidad, comunes a todos los **individuos** reunidos en una **sociedad. Empirista** e **idealista,** criticó el planteo de **Locke** acerca de que las ideas abstractas surgen a partir de ideas particulares, afirmando que en realidad todas las ideas son particulares y las ideas abstractas no existen. Para comprender lo que esto significa es menester señalar que al término **"idea"** (ver) B lo usa en el sentido que inauguró **Descartes.** Por ejemplo: yo tengo sucesivas ideas particulares de "vaso" (este vaso, aquel vaso, el mismo vaso pero a las tres de la tarde de ayer, etc.). Pero además comprendo el concepto general de "vaso", que no es ninguna de esas ideas particulares pero que me sirve para describir a todas ellas. Locke decía que este concepto era a la vez otra idea, pero una idea abstracta, que yo tuve a partir de tener las ideas particulares. Para B, en cambio, el concepto de "vaso" no es una idea sino un **signo** que nombra a la vez a todos las ideas de "vaso" (**nominalismo**). En una posición subjetivista extrema, B afirmaba que las cosas materiales no existen: sólo existen mientras que haya un sujeto que las perciba. Entre sus obras principales encontramos a: *Tratado sobre los principios del conocimiento humano* (1710).

Brecha tecnológica: La expresión BT hace referencia a la distancia –enorme y creciente- existente entre la **tecnología** de los **países centrales** y los países de la **periferia.** La BT, lejos de achicarse, crece, ya que los **países desarrollados** crean sobre los **países subdesarrollados** una dependencia tecnológica que perpetúa la situación y la acrecienta.

Bunge, Mario A. (1919 →): Lógico, físico, matemático y epistemólogo argentino, de tendencia **positivista.** Defensor de la idea de no condicionar la investigación (**ciencia básica** o **pura**) al desarrollo (**ciencia aplicada**). Plantea esto diciendo que la ciencia básica no puede resolver los problemas prácticos de la **sociedad,** ya sean económicos, políticos o militares. Puede ayudar (es una **condición necesaria**), desde ya, pero no es su objetivo específico (no es **condición suficiente**). B sostiene que no le podemos exigir a la **ciencia** que nos saque del atraso y el **subdesarrollo**; la **función** de la ciencia básica no es esa sino luchar contra el atraso cultural. Entre sus libros se destacan *La ciencia, su método y su filosofía* (1960) y *La investigación científica* (1969).

C

Calidad de una proposición: La CP es negativa o afirmativa según se trate de una **proposición negativa** (universal o particular) o de una **proposición afirmativa** (universal o particular) respectivamente.

Campo: Espacio en el que el investigador observa **variables** o factores dados, en el marco del **método** no experimental. En este sentido, opuesto: **laboratorio**. (Ver **trabajo de C** y **observación participante**).

Cantidad de una proposición: La CP es universal o particular según los **cuantificadores** que tenga, es decir, según se trate de una **proposición universal** (negativa o afirmativa) o de una **proposición particular**, a la que hoy día se conoce como existencial, (ya sea negativa o afirmativa) respectivamente.

Características concomitantes: Según Avicena "Concomitante es lo que cualifica necesariamente a la cosa después de la verificación de su **esencia**, en tanto que ésta sigue a su esencia, no en tanto que ésta es intrínseca a la **verdad** de su esencia." Las CC no son características accidentales, esto es, que podrían estar como no estar. Por ejemplo, es accidental que un perro sea negro pero no es accidental que tenga un color, puesto que no puede haber un perro sin color alguno. Sin embargo, "tener un color" no es una característica deinitoria de perro, es pues una CC. Opuesto: **características definitorias**.

Características definitorias: Son CD los requisitos necesarios para que llamemos a algo de determinada forma. Por ejemplo, "animal" es una CD de "perro". Opuesto: **características concomitantes**.

Carga teórica: Se llama **tesis** de la CT de la **observación** a la idea de que todo **dato** de la **experiencia** no es recogido en forma pura sino que se accede a él sobre la base de un bagaje de conocimientos previos o **hipótesis** que guían al observador. Esta tesis ha sido uno de los pilares de las críticas a la **concepción heredada** (al **inductivismo** y al **falsacionismo**). Así, **teorías** exitosas, como la de la electricidad, la embriología y la química de mediados del siglo XVIII dependían decisivamente de afirmaciones sobre entidades inobservables. La teoría del flujo eléctrico de Franklin, la teoría vibratoria del calor de Boerhaave, la teoría de las moléculas orgánicas de Buffon, no podrían haber sido concebidas por **método de generalización inductiva**, a partir de la observación.

Carnap, Rudolf (1891-1970): Filósofo de la **ciencia**, lógico y lingüista alemán, uno de los más destacados pensadores del **Círculo de Viena**. Según C, la **verdad o falsedad** de los **enunciados sintéticos** depende de la **experiencia** y, con ello, también su posible significatividad. Partidario del neopositivismo, adoptó la postura del **inductivismo en sentido amplio** o **confirmacionismo**, reemplazando el **criterio o principio de verificabilidad** por el **criterio o principio de confirmabilidad**. Entre sus obras principales encontramos a: *Fundamentación lógica de la física* (1951).

Catastrofismo (Georges Cuvier): Teoría de la **evolución** que plantea la creación divina de las **especies**, las cuales se extinguen a causa de distintas catástrofes, para crearse luego otras nuevas. Cuvier limitaba las catástrofes a ciertos sectores de la fauna y la flora; los que sobrevivían, lograban extenderse (teoría del finalismo providencial o de la voluntad divina).

Categoría: Aristóteles definió diez **géneros** (en algunas de sus formulaciones no son diez pero se suele indicar este número) en los que se pueden clasificar las manifestaciones del **ser** (la **sustancia** y nueve accidentes: cantidad, calidad, relación, lugar, etc). Esta clasificación también distingue términos del **lenguaje** y no es claro que Aristóteles trazara una distinción tan tajante como la nuestra entre el plano lingüístico y el **óntico**. En **Kant**, es un concepto puro o *a priori* del **entendimiento**. En la actualidad, la C es vista como un concepto o clase que sirve para ordenar hechos o ideas.

Categórico: Proposición o argumentación no sometida a condiciones. Por ejemplo, el **silogismo categórico** de **Aristóteles** o el juicio categórico de **Kant**. Opuesto: hipotético, disyuntivo.

Causa: Según el **empirismo**, factor o **fenómeno** que genera a otro, llamado **efec**to. En la **filosofía** clásica, todo lo que influye en la constitución de un **ser**. **Platón** sitúa a la C en las ideas, mientras que **Aristóteles** distingue una **C material**, una **C formal**, una **C eficiente** (tomada luego por el **mecanicismo**) y una **C final**. Para **Kant**, la C es una **categoría** *a priori* del **entendimiento**. Pueden identificarse más tipos de C pero, sin importar de qué tipo se trate, suelen darse dos condiciones: la **verdad** de la C implica la verdad del efecto (o al menos ofrece un **apoyo inductivo**) y además la relación entre ambos es asimétrica tal que si A es la causa *x-al* (formal, material, funcional, etc) de B entonces B no es la causa *x-al* de A.

Causa (David Hume): Desde el **empirismo**, **Hume** establece tres condiciones para afirmar que un hecho C es causa de otro E: 1- Contigüidad: C y E deben ser contiguos, es decir, producirse en la mayor proximidad espacial posible, 2- Sucesión: C debe ser inmediatamente seguido por E y, 3- **Conjunción**: siempre que se observa C debe observarse E, sin excepción. Sin embargo, el concepto de C requiere algo más: la conexión necesaria entre C y efecto también en el futuro: cada vez que en el futuro ocurra C debe ocurrir E. Hume no postula este requisito porque precisamente está desenmascarando el **problema de la inducción**: sus requisitos son de corte **empirista** y no tenemos experiencia del futuro (no hay **dato empírico** del futuro). La conexión necesaria que postulamos en una afirmación universal (que habla de infinitos casos pasados, presentes y futuros) no tiene fundamento empírico, o lo que es lo mismo, el **principio de inducción** no tiene fundamento empírico. Le han criticado a Hume que sus requisitos sólo sirven para fenómenos observables, como el movimiento de una bola de billar que mueve a otra. En este sentido, la C se diferencia de la **conexión necesaria**, que refiere a fenómenos que van más allá de lo observable.

Causalismo: Suposición de que los **fenómenos** son consecuentes, ocasionados por otros sucesos anteriores o antecedentes.

Ciencia: Conjunto de métodos **sistemáticos** de investigación, **teorías** y **análisis** lógico de argumentos, **hipótesis, pruebas, contrastaciones** y apertura a la revisión, con el fin de conocer, predecir, controlar y manipular el funcionamiento de la realidad. J. Ladrière la define como la "reconstrucción conjetural de la realidad." (Ver también **conocimiento científico**).

Ciencia antigua: Se llama así a la **ciencia** previa a la **revolución científica del siglo XVII**, caracterizada por: una metodología demostrativa (se partía de **enunciados** tomados como verdaderos y se deducían otros), que aplicaba en las **ciencias fácticas** la metodología de las **ciencias formales**, como la matemática. En cuanto a la **observación**, la CA se limitaba a registrar de manera cualitativa **fenómenos** que ocurrían espontáneamente, sin control alguno (no existía el **experimento**).

Ciencia aplicada: Parte de la **ciencia** que busca lograr resultados que se puedan aplicar prácticamente. La CA utiliza los conocimientos que se obtienen en las investigaciones básicas. Mientras que la **ciencia básica** trabaja en los problemas que le interesan, la CA estudia problemas de posible interés social. De este modo, la CA actúa como un puente entre la **ciencia pura** y la **tecnología**. Ejemplo: un físico que estudia la actividad fotoeléctrica de ciertas sustancias sensibles. Opuesto: **ciencia básica**. Ambas forman parte de una clasificación defendida entre otros por Mario **Bunge**.

Ciencia básica: Parte de la **ciencia** que se propone únicamente enriquecer el conocimiento humano, sin interesarse por sus aplicaciones. Su objetivo es el saber por el saber mismo. Ejemplo: un físico que estudia las interacciones entre la luz y los electrones. Según Mario Bunge, la **ciencia aplicada** depende de la CB pero no a la inversa, ya que "La CB es como un cuchillo que puede usarse sea para cortar una zanahoria o una cabeza humana, ambos son moralmente neutrales." (Ver también **ciencia martillo**).

Ciencia martillo: Concepción de la **ciencia** sostenida por epistemólogos de raíz **positivista**. Así, M. **Bunge** afirma que la ciencia funciona como un martillo: puede servir para clavar un clavo y construir una casa o para matar a alguien de un golpe. Por lo tanto, el científico no sería responsable de los usos sociales (**ciencia aplicada**) de sus investigaciones (**ciencia básica**). Esta visión es criticada entre otros por E. Marí, quien pone como ejemplo la bomba neutrónica: no puede separarse la **investigación** científica del objetivo político, ya que el trabajo científico fue orientado específicamente con ese fin.

Ciencia moderna: Denominación que recibe la **ciencia** posterior a la **revolución científica del siglo XVII**. En la CM se aplica una metodología teórico-experimental sistemática, partiendo de **hipótesis** o supuestos teóricos, de los que se deducen **consecuencias observacionales** que luego son sometidas a **prueba** de manera experimental, realizando observaciones activas, en condiciones controladas y con magnitudes medibles, con el fin de explicar y predecir acontecimientos.

Ciencia normal (Thomas Kuhn): Período en el que se desarrolla una **ciencia** a partir de una **teoría** o **paradigma** que se considera válido, y durante el cual los científicos trabajan y resuelven **problemas** de acuerdo a ese paradigma o **marco teórico**, aceptado y no cuestionado, que incluye un grupo de **hipótesis** básicas que constituyen creencias ideológicas, culturales y científicas de una época y que sólo cambian con una **revolución científica**. La comunidad científica también comparte pautas de investigación y determinado modo de adquirir conocimientos (por ejemplo, para **Aristóteles** el método básico de investigación era la **observación** no experimental, mientras que para **Galileo** era la observación experimental).

Ciencia pura: Ver **ciencia básica**.

Ciencia revolucionaria (Thomas Kuhn): Derrocamiento de un **paradigma** o marco **teórico** por otro a consecuencia de las **refutaciones** reiteradas y la acumulación de **anomalías**. Constituye la excepción en la **historia** de la **ciencia**.

Ciencias blandas: Expresión que se utiliza para diferenciar a las **Ciencias Sociales** de las **Ciencias Naturales** o "ciencias duras". En las CB se dificulta la utilización de la matemática.

Ciencias de la naturaleza (Wilhelm Dilthey): Las CDN son las **Ciencias Naturales**, aquellas donde el **objeto de estudio** es exterior al **sujeto**. En cuanto al **método** de investigación, en las Ciencias Naturales podemos hablar de **explicación** y del establecimiento de relaciones de **causalidad**. Rechazando al **positivismo**, Dilthey se preocupó por diferenciar a las CDN de las **Ciencias Sociales** o "ciencias del espíritu".

Ciencias del espíritu (Wilhelm Dilthey): Las CDE son las **Ciencias Sociales**, aquellas donde el **sujeto** cognoscente forma parte del **objeto** estudiado, ya que el **individuo** pertenece a determinada **sociedad**. Partiendo de una crítica al **positivismo**, Dilthey planteó que en las Ciencias Sociales, el **método** de investigación se basa en la **comprensión** (*verstehen*). La visión de Dilthey dará origen a la llamada **Sociología comprensiva** sostenida entre otros por Max **Weber**.

Ciencias duras: Expresión que se utiliza para diferenciar a las **Ciencias Naturales** de las **Ciencias Sociales** o "ciencias blandas". Las CD trabajan en forma sistemática con mediciones exactas.

Ciencias empíricas: Ver **ciencias fácticas**.

Ciencias fácticas: Ciencias que se basan en **enunciados sintéticos** cuya **verdad** o falsedad depende de su correspondencia con los hechos. Tienen por finalidad explicar, predecir e interpretar **fenóme-**

nos reales y contrastar empíricamente las **hipótesis** acerca de ellos. También buscan la transformación de la realidad. Se dividen en **Ciencias Naturales** (Biología, Astronomía, etc) y **Ciencias Sociales** (**Sociología, Historia**, etc). Opuesto: **ciencias formales**.

Ciencias formales: Ciencias que se basan en **enunciados analíticos** cuya **verdad** o falsedad se establece *a priori*, de modo que su fundamentación es independiente de la **experiencia** y exclusivamente **deductiva**. Se caracterizan por ser no **empíricas**, es decir, no hacen referencia a ningún sector específico de la realidad sensible. Son CF la matemática, la geometría y la **lógica** no aplicadas. Opuesto: **ciencias fácticas**.

Ciencias Naturales: Disciplinas científicas que tratan de explicar **fenómenos** naturales, es decir, aquellos fenómenos físicos independientes del hombre –el que, con sus relaciones sociales y su libertad de decidir, queda fuera de su **objeto** de estudio-. Son ejemplos de CN la física, la química, la biología, etc.

Ciencias no empíricas: Ver **ciencias formales**.

Ciencias Sociales: Disciplinas en las cuales el hombre y sus relaciones sociales constituyen el **objeto de estudio**. Las CS surgieron en el siglo XIX bajo el marco de la **Revolución Francesa** y la **Revolución Industrial**, y del surgimiento de las nuevas **clases** centrales del **capitalismo** -la **burguesía** y el **proletariado**-. Orientadas en sus primeros pasos a adoptar los **métodos** de las ya consolidadas **Ciencias Na-**

turales (**monismo metodológico**) influenciadas por el **positivismo**, las CS fueron poco a poco diferenciándose de aquellas y formando sus propios métodos, que tuvieron en cuenta la importancia de atender al **sujeto** (en tanto que actor con representaciones que dan **significado** a sus **acciones**) y a la **historia** (**comprensivismo**, marxismo, etc). Pertenecen a las CS la **Sociología**, la **Antropología**, la **Economía**, la **Ciencia Política**, etc.

Cientificidad: Cualidades o requisitos necesarios para que una disciplina o **método** se consideren científicos. Entre los principales criterios de C están la claridad y precisión conceptuales y la **contrastabilidad empírica**.

Cientificismo: Pretensión de identificar al **conocimiento científico** con el **conocimiento** en sí, descalificando cualquier otra forma de saber. El C ha sido defendido por el **positivismo** (ver **reduccionismo**). Oscar Varsavsky ha definido como cientificista al investigador que se ha adaptado al **comercio** científico, renunciando a relacionar su actividad con la realidad social y política, entregándose a su "carrera" sin cuestionar los **valores** y normas que los intereses poderosos le imponen, y abandonando en definitiva la posibilidad de usar a la **ciencia** al servicio de la Humanidad en su conjunto, sirviendo en cambio a unos pocos. M. **Bunge** es uno de los más firmes defensores del C.

Cinturón protector (Imre Lakatos): Parte no esencial del **programa de investigación**, formado por **hipótesis auxiliares** que se refieren a las **condiciones de contrastación**, **hipótesis preliminares** y otros aspectos presentes en las **observaciones**, cuya función es proteger al **núcleo central** que contiene a las **hipótesis fundamentales**. La protección consiste en la modificación o eliminación de las **hipótesis** del CP con el fin de ajustar la **teoría** a los **experimentos** que violaron sus **predicciones** (y evitar así la **refutación** del núcleo). Por ejemplo: cuando las observaciones de la trayectoria de un planeta contradijeron las predicciones de la teoría de **Newton**, los astrónomos supusieron la existencia de un cuerpo celeste que habría producido la desviación, sin otro objetivo que el de conservar las leyes newtoneanas.

Círculo de Viena (1929-1939): Escuela científica difusora de las ideas del **positivismo lógico** o **neopositivismo**, fundada por M. Schlick. Sus dos influencias fundamentales fueron los *Principia Mathematica* de **Russell-Whitehead** y la obra del primer **Wittgenstein**. El objetivo central del CV fue la constitución de un **lenguaje** científico unificado en el cual se aceptarían sólo **proposiciones** que pertenecieran a la **lógica** o a las **ciencias** basadas en la **observación** y descripción de hechos sensibles. La herramienta para esta empresa fue el análisis lógico. Su objetivo, eliminar los pseudo-problemas propios de la **especulación**. Para el CV, el **significado** de una proposición se reduce a su **método** de **verificación**, es decir, en el procedimiento -o bien **experimental** o bien **deductivo**- para determinar su **verdad** o falsedad. En este sentido, el **empirismo** del CV lo lleva a rechazar todo **enunciado** que no tenga su fuente en la **experiencia** directa: los **enunciados generales** -como las **hipótesis**- deben reducirse a sus **enunciados básicos** o **elementales**, para poder observarse (**tesis de** extensionalidad). Según el CV, el **progreso de la ciencia** es acumulativo, porque sus logros no se abandonan: las **teorías** confirmadas son relativamente inmunes a una **refutación** posterior. Son contribuciones definitivas, resultados estables, obtenidos por el **conocimiento científico**. Sus principales integrantes –además de Schlick– fueron R. **Carnap**, O. Neurath, K. **Gödel**, H. **Reichenbach**, C. **Hempel**, E. **Nagel** y A. Tarski. La persecución **nazi** obligó al CV a emigrar, especialmente a universidades norteamericanas.

Círculo hermenéutico: "Hermenéutica" es sinónimo de "**interpretación**". El CH es el hecho de que -para comprender o entender algo- hay primero que pre-comprender o pre-entender, es decir que para saber hay que partir de un saber: el **sentido** de cada frase (totalidad) se entiende cuando se entiende cada palabra; y el **significado** de cada palabra se entiende en función de la frase entera. Friedrich Schleiermacher (1768-1834) planteó que para entender el pasaje de un texto hay que conocer al texto entero, ya que no se puede entender una palabra fuera de su contexto.

Clase natural: Las CN nos permiten hablar de conjuntos de entidades naturales, como por ejemplo, de piedras, animales, metales, etc. La **ciencia** se ocupa de definir con precisión las propiedades de las CN de modo que 1) sepamos cuándo estamos ante un miembro de cierta clase (por ejemplo, "Esto no es cobre sino hierro") y 2) sepamos predecir su comportamiento a partir de las **hipótesis**

generales sobre la CN (por ejemplo, "El cobre reacciona de manera X; puesto que esto es un trozo de cobre, reaccionará de manera X").

Cláusula protocolaria (positivismo lógico): Enunciado elemental o particular, que habla de algún **fenómeno** observado en un **experimento** y que constituye la **base empírica** que permite la **confirmación** o **refutación** de las **hipótesis** de la **ciencia**. Así, desde el **inductivismo** y el **confirmacionismo**, **Carnap** sostuvo que la CP es un enunciado que no necesita confirmación, sino que sirve de base para la puesta a prueba o **contrastación** de todos los demás enunciados de la ciencia. No ponía en duda la verdad de las CP porque suponía que el acuerdo mínimo entre los científicos acerca del resultado experimental era suficientemente poderoso como para garantizar la **verdad** de su descripción en un **lenguaje** despojado de **carga teórica**. Carnap encontraba en las CP una base segura para el edificio de la ciencia (**fundacionismo**). Para **Popper** la noción de CP es inaceptable porque para él todo enunciado científico, por más "despojado de teoría" que esté, debe ser **falsable** y para ello se lo debe poner en relación con otros enunciados, por medio de una teoría (para poder extraer diferentes **consecuencias observacionales** que permitan un nuevo experimento). También llamada **enunciado básico**.

Cognición: Acción y efecto de conocer.

Cognitivo: Relativo al **conocimiento** intelectual.

Cognoscible: Que puede conocerse.

Cognoscitivo: Aquello que tiene la capacidad de conocer.

Comunidad científica: Según T. **Kuhn**, la CC es un **grupo** constituido por científicos de una determinada disciplina que han compartido un aprendizaje, que tienen forman similares de comprender y resolver los **problemas**, y que tienen un **lenguaje** común, lo que les permite comunicarse entre sí sin riesgos de malentendidos. Una CC es tal en la medida en que comparte un **paradigma**. En la óptica de Kuhn, la CC es siempre **conservadora** y dogmática, encerrada en su paradigma.

Concepción clásica de la ciencia: Es la **epistemología** que dominó al **conocimiento científico** hasta el siglo XX, centrada fundamentalmente en el **empirismo**, el **positivismo** y el **inductivismo**. La CCC fue criticada por la **concepción contemporánea de la ciencia** formada entre otras corrientes por el **falsacionismo** y la **nueva filosofía de la ciencia**.

Concepción contemporánea de la ciencia: La CCC es la **epistemología** surgida en el siglo XX como crítica a la **concepción clásica de la ciencia** formada por el **empirismo** y el **inductivismo** (en particular el **inductivismo ingenuo**) y abarca corrientes disímiles entre sí como el **falsacionismo** y la **nueva filosofía de la ciencia**.

Concepción heredada: Se llama CH a la **epistemología** del **positivismo lógico** y de K. **Popper** que centraba su atención en las **teorías** consideradas sincrónicamente y cuya principal herramienta de análisis era la **lógica**. La CH marca el comienzo de la **filosofía de la ciencia**. (Ver también nueva filosofía de la ciencia).

Concepción semántica de las teorías: Corriente de la **filosofía de la ciencia** que se inicia en la década de 1980. Según van Frasen, en un texto de 1989: "De acuerdo con la concepción **semántica**, presentar una **teoría** es presentar una familia de **modelos**. Esta familia puede ser descrita de varios modos, mediante **enunciados** diferentes en **lenguajes** diferentes, y ninguna formulación **lingüística** tiene ningún estatuto privilegiado. Específicamente, no se atribuye ninguna importancia a la **axiomatización** como tal, e incluso la teoría puede no ser axiomatizable en ningún sentido no trivial."

Concepto: Construcción simbólica o idea convencionalizada que está unida a un sonido específico o **imagen acústica** reconocida en la **sociedad**. Hecho de la conciencia, es la idea que tenemos de algo al escuchar una palabra o al ver una palabra escrita.

Conclusión: Proposición de un **razonamiento** que se afirma sobre la base de las otras proposiciones (**premisas**) del mismo. Premisa y C son términos relativos: la misma proposición puede ser premisa en un razonamiento y C en otro.

Condición: En el **condicional**, relación de presuposición entre dos términos: el **antecedente** ("si") y el **consecuente** ("entonces").

Condición necesaria: Requisito imprescindible para que un **fenómeno** se produzca, sin el cual éste no ocurre.

Condición suficiente: "Es suficiente que uno de sus empleados llegue tarde para que se ponga a gritar como loco". En este **enunciado** podemos distinguir el **antecedente** –"es suficiente que uno de sus empleados llegue tarde"– y el **consecuente** –"para que se ponga a gritar como loco"–. Ahora bien, la condición que une al antecedente y al consecuente es suficiente porque, si bien **siempre** y sin excepción que uno de sus empleados llega tarde se pone a gritar como loco, sin embargo, esto no es una **condición necesaria**, dado que puede ponerse a gritar como loco por cualquier otra causa. En un enunciado condicional el antecedente es CS, pero no condición necesaria para el consecuente.

Condicional: También llamado **enunciado hipotético, implicación** o **enunciado implicativo**, el C es la expresión **lógica** del "si...entonces", y su signo es la herradura "⊃" o bien la flecha "→".

Condiciones antecedentes: Ver **condiciones iniciales**.

Condiciones de contrastación: Una **consecuencia observacional** de una **hipótesis** o conjunto de hipótesis tiene la forma de un **condicional**, cuyo **antecedente** son las CC que describen las características de un **experimento** o las condiciones en las que se observa algo y cuyo **consecuente** describe el resultado del experimento o bien lo que se observa. Por ejemplo: "Si se calienta una pieza de cobre (CC), entonces la pieza se dilatará." El experimentador debe provocar las CC para ver si se cumple el consecuente del condicional. Las CC en una contrastación equivalen a las **condiciones iniciales** en una **explicación**.

Condiciones iniciales: Enunciados singulares que hacen referencia a condiciones particulares -en un tiempo y lugar determinados- en las cuales se espera que se produzca un **fenómeno** E, de acuerdo con lo predicho por una **hipótesis** científica. Para C. **Hempel**, una **explicación nomológico-deductiva** equivale a un **razonamiento deductivo**, donde sus **premisas** son **leyes universales** L_1, L_2, ..., L_n, junto con determinados enunciados singulares C_1, C_2, ..., C_n, que realizan afirmaciones sobre hechos concretos. Estos últimos se llaman CI, y su **conclusión** es el enunciado E, que describe el fenómeno que se quiere explicar.

Conexión causal: Ver **causa**.

Conexión necesaria: En **lógica** dos **proposiciones** tienen una CN cuando es imposible que una sea verdadera sin que lo sea también la otra. En **epistemología** la CN (llamada **necesidad nomológica**) es una relación que puede darse entre tipos de hechos o entre proposiciones que hablan acerca de tipos de **hechos**. Por ejemplo: "El agua se congela a 0° C" significa que *siempre* que se someta una porción de agua a 0° C, se congelará (***ceteris paribus***) y por tanto establece una CN o **ley fáctica**, entre el agua y la temperatura. La imposibilidad de que el agua esté a 0° C y no se congele no es lógica (ya que no es una **contradicción**) sino **fáctica** y se afirma acerca de hechos conocidos tanto como desconocidos (como los hechos futuros).

Confirmación (confirmacionismo): Consideración de la **verdad** de un **enunciado** en forma **probable** respecto de cierta evidencia conocida y no definitiva. Opuestos en distintos sentidos: **corroboración**, **verificación**, **refutación**.

Confirmacionismo: Postura científica de una parte del **empirismo** o **positivismo lógico**. Para el C o **inductivismo amplio**, la **experiencia** sólo puede demostrar la **verdad** de una **proposición** científica en forma **probable** –y no definitiva, como creía el **verificacionismo**- a través de una **inferencia inductiva**. Sus referentes más sobresalientes son Rudolf **Carnap**, Carl **Hempel** y Hans **Reichenbach**. **Popper** ha criticado al C, al señalar que tiene la misma limitación que el verificacionismo: trata de justificar una **inducción** con otra inducción, con lo que caen en el **círculo vicioso** del **problema de la inducción**. Llamado también **probabilismo**, el C afirma que la **lógica** de la **ciencia** es inductiva puesto que la labor científica consiste en establecer, aunque sea de manera falible, conocimiento que no era disponible previamente. Por ejemplo, una **hipótesis** científica predice que va a suceder determinada cosa que aún no ha sucedido. No sabemos estrictamente si va a suceder lo que predice o bien algo muy diferente, pero la **predicción** las más de las veces es acertada debido a que los científicos han desarrollado un **método** para elegir entre hipótesis alternativas (que es muy riguroso aunque inductivo). Es inductivo precisamente porque sacan conclusiones que podrían ser falsas perfectamente a pesar de que todas las **premisas** del **razonamiento** en cuestión sean verdaderas: una hipótesis, según el C, se ve confirmada por sus **consecuencias observacionales**. La verdad de las consecuencias observacionales, según el C, puede establecerse por la experiencia (puesto que son enunciados que describen cosas particulares y observables). Todos los experimentos tienen como producto el establecimiento de enunciados de este tipo. Los científicos hacen descansar la **justificación** de sus teorías en el trabajo experimental. Por lo tanto, concluye el C, la justificación de las hipótesis es un razonamiento que parte de enunciados observacionales y llega a una **conclusión** universal, esto es, un **razonamiento inductivo**. La relación entre una serie de premisas singulares (las consecuencias observacionales) y una conclusión universal (la hipótesis) que habla de casos que no están en las premisas (los casos no observados del mismo fenómeno) es evidentemente un razonamiento inductivo. Carnap fue el pionero de la lógica inductiva y el primero en estudiar sus **paradojas** y sus propiedades con herramientas de la **lógica simbólica**.

Confirmar (confirmacionismo): Aumentar la **probabilidad** de que un **enunciado general** sea verdadero a partir de elementos de juicio o **contrastaciones** favorables que lo apoyan.

Conjetura: Hipótesis que no tiene ningún fundamento lógico, pero que para algunos autores –como **Popper**- es punto de partida para el **progreso científico**. Se sitúa en el "**contexto de descubrimiento**". No importa si se trata de una "idea loca", sino de si se puede poner a **prueba** o no (**contrastación**).

Conmensurable: Mensurable, que puede medirse o compararse con otra cosa. Opuesto: **inconmensurable**.

Conocimiento: Captación intelectual de las cualidades y las relaciones de las cosas. Por lo general, cualquier tipo de C supone generalidad, es decir, no se refiere a cosas particulares aisladas (a eso se llama **experiencia**), sino propiedades y relaciones que se dan en varios casos. El C es el **objeto** de estudio de la **gnoseología**. El **término** puede usarse como sinónimo de **conocimiento científico** o de **conocimiento directo**.

Conocimiento científico: Tipo de **conocimiento** específico de la **ciencia**. Marta López Gil plantea que se caracteriza por ser: 1- racional: está formado por **términos**, **proposiciones** y por **razonamientos**, y no por imágenes, sensaciones o pautas de conducta, de modo que las ideas se conectan por medio de reglas lógicas, 2- sistemático: las ideas no son inconexas sino que constituyen un **sistema**, de modo que cuando cambia una idea deben cambiar las otras, 3- universal: las **leyes científicas** se aplican a todos los casos de un **fenómeno**, 4- autocorrectivo: la ciencia no considera que su conocimiento es infalible sino que está sujeto a crítica, 5- comunicable: las ideas científicas tienen que ser precisas y estar expresadas en un **lenguaje** sencillo, 6- carácter explicativo: la ciencia intenta explicar los **hechos** a través de leyes y a las leyes en términos de principios, 7- **verificable:** para que una idea sea científica tiene que poder ser verificada. Si no es posible **contrastar** independientemente una **hipótesis**, no es científica, 8- predictivo:

el CC no sólo explica sino que predice lo que puede ocurrir en el futuro, 9- metódico: las ideas se adquieren por medio de un método.

Conocimiento directo: Tipo de **conocimiento** donde hay una relación inmediata entre el **sujeto** que conoce y el **objeto**. Consiste en conocer algo por haberlo visto (por ejemplo, conocer a una persona) o por haber estado en un lugar (por ejemplo, conocer Mar del Plata).

Conocimiento empírico: Conocimiento fáctico, que refiere a la realidad sensible y que –por lo tanto- es **falible.** Por ejemplo, una **teoría** sobre el comportamiento de gases o una teoría económica. Un ejemplo de CE no **científico** es lo que uno aprendió acerca de la personalidad de alguien por el trato constante (que es amable, que se despierta de mal humor, etc.)

Conocimiento en sentido débil: Ver **conocimiento proposicional en sentido débil.**

Conocimiento en sentido fuerte: Ver **conocimiento proposicional en sentido fuerte.**

Conocimiento por habilidad: Saber hacer o llevar a cabo una técnica más o menos sofisticada. Por ejemplo, saber andar en bicicleta. Sinónimos: ***Know-how*,** **"saber cómo",** conocimiento práctico.

Conocimiento proposicional: Tipo de **conocimiento** basado en la certeza más o menos fundada acerca de la corrección de ciertas **proposiciones** o afirmaciones (por ejemplo, saber que el radio de la Tierra es de 6.370.000 Km. o que Santa Rosa es la capital de La Pampa).

Conocimiento proposicional en sentido débil: Conocimiento del que se tienen buenas razones para determinar su **verdad,** pero no concluyentes. Es propio de las **ciencias fácticas.**

Conocimiento proposicional en sentido fuerte: Conocimiento del que se tienen **pruebas** concluyentes sobre su **verdad.** Es propio de las **ciencias formales.**

Consecuencias observacionales: Consecuencias observables derivadas de una **hipótesis fundamental** que contiene términos teóricos (que no pueden observarse directamente). En el **método hipotético deductivo,** si una CO es falsa, entonces la **ley** o **hipótesis** ha sido refutada (a menos que se ponga en duda la **validez** del **experimento**). Es decir que la **refutación** de una ley consiste en que una de sus CO no se cumpla. La **forma lógica** de la refutación (*modus tollens*) es la siguiente: H → CO; ¬CO; entonces ¬H. (H es un conjunto de proposiciones que incluye hipótesis generales y afirmaciones sobre las condiciones del experimento). Un ejemplo de CO de la **teoría de la relatividad** de **Einstein** fue la **predicción** correcta de que el campo gravitatorio del Sol curva en cierta medida los rayos de luz que pasan cerca. La teoría de **Newton,** en cambio, no predijo tal desviación por lo que se la consideró refutada. Una CO tiene la forma de un **condicional** (C → E), cuyo **antecedente** describe las **condiciones de contrastación** y cuyo **consecuente** describe el resultado esperado en tales condiciones. Generalmente cuando se formaliza un **razonamiento** de refutación o de **confirmación/ corroboración/verificación,** la CO se simboliza con una **letra proposicional** y no como una **fórmula molecular** condicional, debido a que es más económico y lógicamente equivalente.

Consensualismo (década de 1960 →): Corriente epistemológica historicista, crítica del **inductivismo** y el **falsacionismo**. Uno de sus máximos exponentes es Thomas **Kuhn** (ver **nueva filosofía de la ciencia**).

Consistencia: Proposición que tiene por lo menos un caso verdadero, es decir, cuando en su **tabla de verdad** podemos encontrar por lo menos un caso de sustitución que sea verdadero.

Constante: Elemento que no varía, sino que permanece igual cualquiera sea el caso.

Constructivismo (décadas de 1920-1940): Postura de la **gnoseología** que sostiene que el **conocimiento** es una organización del mundo construida por la experiencia de cada **sujeto**, que no refleja una realidad **objetiva**. De este modo, el énfasis no debe estar puesto en el **objeto** a conocer sino en el hecho **subjetivo** de conocer. Se trata de una herramienta de adaptación que nos permite organizar nuestra vida en el medio, pero no descubrir una realidad subyacente. Otra variante del C es el C social, para el que la **verdad** es una construcción hecha por la mayoría de un **grupo** social que construye dicho conocimiento. De este modo, ninguna **teoría** puede demostrarse verdadera o falsa en forma definitiva ya que para el C los **datos** con que trabaja un investigador están construidos por las teorías que éste utiliza, lo que hace que esos datos no

puedan servir como **prueba** de la verdad de esas teorías (tesis de Holzkamp que impugna al **falsacionismo** de **Popper**). La **psicología genética** de Jean **Piaget** y de algún modo la *gestalt* pertenecen al C, al igual que la Escuela de Erlangen de Paul Lorenzen y la **teoría de la comunicación** de Paul Watzlawick. 

Constructo: Fenómeno no observable, construido por la mente de un investigador.

Contenido empírico: El conjunto de los **enunciados observacionales** deducibles de una **hipótesis** para **contrastarla**. La mejor hipótesis es la que tiene mayor CE.

Contexto de aplicación: El CA es el ámbito de la utilización del **conocimiento científico** y de las decisiones de cómo y para qué se usan dichos conocimientos. Dentro de este contexto, ocupa un lugar importante el estudio de la **tecnología**, es decir, de los **productos** tecnológicos basados en conocimientos científicos, y de los problemas que el desarrollo de la tecnología plantea a la **investigación** científica pura. Opuesto: **contexto de descubrimiento** y **contexto de justificación**.

Contexto de descubrimiento (Hans Reichenbach): Marco histórico-social en el que los científicos obtienen sus **hipótesis**. Conjunto de condiciones y circunstancias subjetivas, psicológicas, sociales e históricas que determinan el surgimiento de una **teoría**. En 1934, Karl **Popper** planteó que el CD no forma parte de la **ciencia**: cuando un científico realiza una investigación, los descubrimientos que realiza tienen un carácter fuerte-

mente irracional, porque están relacionados con su manera de ver el mundo, con sentimientos y con otras cuestiones de carácter **subjetivo**. Como se supone que la ciencia es **objetiva**, Popper niega que todo esto sea ciencia. Para Popper, la ciencia está sólo en el **contexto de justificación**. Las visiones críticas del **positivismo** –como la de G. **Bachelard**- prefieren referirse al CD como a la **historia externa** de la ciencia.

Contexto de justificación (Hans Reichenbach): Contexto en el que los científicos tratan de demostrar que una **teoría** es válida, a través de la puesta a prueba o **contrastación** de **enunciados observacionales** que se deriven de aquella. Es el ámbito sobre el cual debe tratar la **epistemología** según la **concepción heredada**. Según **Popper**, el CJ es el único realmente científico, mientras que el **contexto de descubrimiento** no lo es. Las visiones críticas del positivismo prefieren referirse al CJ como la **historia interna** de la ciencia.

Contingencia: Proposición cuyo **valor de verdad** depende de circunstancias **fácticas**, de **hechos**. En su **tabla de verdad** (ver) hay al menos un resultado de **verdad** y otro de falsedad, según los casos de sustitución. Por lo tanto, no hay **métodos** lógicos para decidir su verdad o falsedad. Se distingue así de la **tautología** y de la **contradicción** cuyos valores de verdad son constantes. Opuesto: **necesidad**.

Contra el método (**Paul Feyerabend, 1975**): Obra en la que este autor afirma que la **ciencia** es mucho más irracional que su imagen metodológica. Esto sería así porque no existe un **criterio de de-** **marcación** que pueda separar adecuadamente la ciencia de la *no ciencia*, de la **ideología** o del **mito**.

Contradicción: En la llamada **lógica clásica**, es la propiedad de una **proposición** molecular en la que hay una incompatibilidad entre dos proposiciones componentes: "p y no p" o "q entonces no (p y q)", donde si uno es verdadero el otro es falso (por el **principio de no contradicción**). Se trata de una **proposición molecular** siempre falsa. También se llama C a la relación entre dos proposiciones separadas porque si se las afirmara conjuntamente el resultado sería una C del primer tipo. La C es **analíticamente** falsa, es decir que su falsedad es determinable por métodos lógicos. En su **tabla de verdad** sólo hay resultados falsos.

Contradicción *in adjecto*: Contradicción formal o en los términos. Por ejemplo, "los sordos oyen".

Contrariedad: En la **lógica clásica**, dos **proposiciones** son contrarias cuando no pueden ser verdaderas al mismo tiempo, aunque sí pueden ser ambas falsas. Por ejemplo: "Enriqueta está corriendo" y "Enriqueta está durmiendo" son contrarias en un sentido informal, ya que no se puede a la vez correr y dormir, pero formalmente no lo son (La formalización "p y q" no presenta C). En cambio, en el siguiente ejemplo la C se puede establecer formalmente, haciendo **abstracción** del **significado** de las proposiciones: "p . q" y "¬p . ¬q . ¬r" no pueden ser verdaderas a la vez, pero pueden ser ambas falsas (por ejemplo si p es verdadera y q falsa).

Contrastabilidad (Carl Hempel): Requisito de una **explicación** científica que indica que sus **enunciados** deben poseer cierto contenido **empírico**.

Contrastación: Puesta a **prueba** de una **hipótesis** a través de **observaciones** o **experimentos** que confronten a **enunciados** que se deduzcan de ella con la **experiencia**, con el fin de establecer su **verdad**, su falsedad, su grado de **confirmación** o su **corroboración**, según la posición epistemológica que se adopte.

Contrastación crucial: Ver **experimento crucial.**

Contrastación experimental: Puesta a **prueba** de una **hipótesis** a partir de alguna de sus **consecuencias observacionales** por medio de la realización de un **experimento** (una situación creada artificialmente) en el que se observará o no la **predicción** deducida de la hipótesis.

Contrastación no experimental: Puesta a **prueba** de una **hipótesis** a partir de alguna de sus **consecuencias observacionales** por medio de la **observación** de la presencia (o ausencia) de un **fenómeno** en un medio no creado artificialmente. Por ejemplo, la contrastación de una hipótesis que prediga cierto comportamiento de alguna estrella que pueda observarse con un telescopio.

Convencionalismo: Posición **epistemológica** que sostiene que la comunidad científica establece las reglas de la actividad científica. Para Duhem y Poincaré, los científicos se ponen de acuerdo en las **teorías**. De este modo, las mismas observaciones pueden ser compatibles con teorías distintas –como fue el caso durante un tiempo de las teorías de **Ptolomeo** y **Copérnico**- de manera que optar entre una u otra teoría depende -en definitiva- de la decisión de los científicos. Para el **instrumentalismo** defendido por estos autores –posición convencionalista extrema- supuestos falsos pueden tener consecuencias verdaderas, por lo que lo que importa a la **ciencia** no es la **verdad** sino la fertilidad predictiva de las teorías. **Popper**, por su parte, limita la convención entre los científicos a los **enunciados básicos**. También conocido como **decisionismo. Lakatos** llama C revolucionario al C de quienes establecieron **criterios** para tomar las decisiones de eliminar una teoría y dar paso a otra, que suponen que cierto tipo de convenciones son más útiles que otras. Popper y Duhem defendieron un C revolucionario, mientras que Poincaré fue un convencionalista conservador.

Copérnico, Nicolás (1473-1543): Astrónomo, matemático, abogado, teólogo y médico polaco, impulsor de la **teoría heliocéntrica**, en oposición a la **teoría geocéntrica** de **Ptolomeo. Galileo** Galilei demostró la corrección de sus planteos. Entre sus obras principales encontramos a: *De los giros de los orbes celestes* (1543).

Correlato empírico: Hechos que se corresponden con determinados **conceptos** teóricos, de los que constituyen **indicadores**. Por ejemplo, hasta no hace mucho en los **EE.UU.** había baños para blancos y baños para negros. Ese hecho es un CE del concepto o **variable "racismo".**

Corroboración (Karl Popper): Contrastación positiva de una **hipótesis** que lleva a considerarla momentáneamente cierta mientras que no se le encuentre una contrastación negativa. La C de una hipótesis o **teoría** no significa que aumente la **probabilidad** de que la misma sea verdadera: para Popper la verdad de toda teoría es permanentemente provisoria. Lo que sí produce la C es una mayor **verosimilitud**, una mayor aproximación a la **verdad**. Se diferencia, por lo tanto, de la **confirmación** y de la **verificación**.

Corroborar (falsacionismo): Aceptación temporaria de una **hipótesis** a partir de elementos de juicio favorables surgidos de un intento de **refutación** fallido.

Cosmogonía: Teoría o **mito** acerca del **origen** del universo.

Cosmología: Disciplina que estudia las **teorías** acerca del origen del universo y su evolución. También se llama C a cualquier relato no científico acerca de la constitución del universo. Hay dos C antiguas (centradas en la pregunta de cuál es el centro del universo): la **teoría geocéntrica** y la **teoría heliocéntrica** y dos C modernas (que abandonan la pregunta del centro y se concentran en estudiar si el universo tiene origen y destino): la **teoría del big bang** y la **teoría del universo estacionario.**

Creacionismo (mediados del siglo XVIII): Doctrina que sostiene que las **especies** fueron creadas en forma independiente por algún Dios. El C sostiene que los seres vivos fueron creados por Dios y que no sufren modificaciones, ya que las especies son fijas e inmutables. Sus principales exponentes son Carl von Linneo y Georges **Cuvier.**

Creencia: Elemento del **saber proposicional** que implica la adhesión o asentimiento a una **proposición** o **enunciado.**

Crisis (Thomas Kuhn): En la **ciencia**, la C de un **paradigma** es una situación social y a veces socio-política, que se origina ante una cantidad de **anomalías** no resueltas por el paradigma dominante y el subsiguiente desconcierto de los científicos que empiezan a cuestionar la validez y utilidad del mismo. En este proceso las reglas de resolución de **problemas** pierden su rigidez, crece la incertidumbre y el desacuerdo entre los científicos. Si entonces surge un **paradigma rival** es posible que se produzca una **revolución científica** (ver). Un ejemplo de la biología lo constituye el período inmediatamente anterior a la publicación de *El origen de las especies* de **Darwin**, en el que no había acuerdo acerca de los mecanismos de la **evolución**. Había cierto acuerdo en considerar la naturaleza como dirigida hacia un fin y para algunos el fin era una creación de Dios, pero no tenían a su disposición herramientas científicas capaces de provocar consenso sobre la validez de alguna de las **teorías.**

Criterio de confirmabilidad (Rudolf Carnap): Principio que establece la **estadística** como elemento de **prueba** de una **hipótesis** o **proposición.** Como el **criterio verificacionista** resultó excesivamente riguroso, y gran parte de los **enunciados** científicos no podían ser verificados a la luz de la **experiencia**, **Carnap** lo sustituyó por el CC, que implica un cierto grado de **probabilidad** y no el establecimiento definitivo de la **verdad** de una proposición.

Criterio de demarcación científica (Karl Popper): Al rechazar el **criterio verificacionista del significado** y el **criterio de confirmabilidad**, Popper estableció que una **proposición** es científica sólo si se la puede intentar **refutar** a través de la **experiencia.** Así, partiendo de un **enunciado universal** y ciertas **condiciones iniciales,** se pueden deducir otros **enunciados observacionales,** que pondrán a **prueba** al enunciado universal: si la prueba demuestra la falsedad del enunciado observacional, queda demostrada la falsedad del enunciado universal. Veamos cómo funciona esto en un ejemplo: en 1919 se hizo una **contrastación** midiendo las posiciones aparentes de las estrellas durante un eclipse. La **teoría** de **Einstein** predecía que el campo de gravedad del Sol curvaría los rayos de luz cercanos, mientras que la teoría de **Newton** no. El objetivo era determinar el efecto de la gravedad solar sobre la luz observando la posición aparente de estrellas cercanas. El resultado fue favorable para la teoría de Einstein y desfavorable para la de Newton. Según Popper, la teoría de Newton queda refutada o falsada y debe descartarse, lo que no significa que la de **Einstein** se **verifique** o **confirme,** sino que sólo se **corrobora.**

Criterio verificacionista del significado (positivismo lógico): El CVS establece que las únicas **proposiciones** que pueden formar parte del cuerpo de la **ciencia** son aquellas que se pueden verificar empíricamente. El CVS fue moderado posteriormente por el **confirmacionismo.** La idea básica, de todos modos, es la misma: en lo único que podemos estar de acuerdo con seguridad es en asuntos simples de **observación empírica** que son accesibles a todas las personas, que no tengan deficiencias sensoriales, por igual (por ejemplo ¿el fuego se puso verde o azul?). Por lo tanto, si limitamos nuestro **lenguaje** de modo que sólo haga referencias a la **experiencia** públicamente observable, nuestro lenguaje será **objetivo** (conservará las propiedades de la experiencia común). ¿Cómo hacemos para que todas las proposiciones de la ciencia, incluso las que son universales y muy abstractas, remitan a lo empírico? Estableciendo que su **significado** y por añadidura, su **valor de verdad,** esté claramente determinado por sus **consecuencias lógicas** que predigan resultados observables públicamente (las llamadas **consecuencias observacionales).**

Crítica: Actitud racional no dogmática que exige **razonamientos,** argumentos, **pruebas** y **validez** de los **enunciados.**

Crítica de la razón pura **(Immanuel Kant, 1781):** La más importante de las obras de **Kant,** donde intenta descubrir las verdaderas capacidades del pensamiento humano. En ella desarrolla su **teoría** del **conocimiento,** que sostiene la imposibilidad humana de conocer la **cosa en sí** o **noúmeno,** debiendo conformarse con la **observación** de los **fenómenos.** También plantea que las **proposiciones analíticas** sólo aclaran lo que las palabras significan ("Los perros tienen cuatro patas"), mientras que las **proposiciones sintéticas** dicen algo más ("Los perros doberman pueden amaestrarse"). Estableció que el **conocimiento** *a priori* se funda exclusivamente en la razón y que el **conocimiento *a posteriori*** requiere de la **experiencia**. Se propuso combinar el **empirismo** y el **racionalismo**, insistiendo en la existencia de **enunciados sintéticos *a priori.*** De este modo, para Kant el conocimiento es la unidad entre la experiencia y los **conceptos**, y ambos son necesarios: sin los sentidos, no tendríamos conciencia de la realidad, sin la razón, no podríamos crear conceptos acerca de la realidad. La mente humana dispone de categorías de pensamiento que forman un aparato conceptual básico que nos permite dar **sentido** al mundo en el que vivimos.

Curso de Filosofía positiva (**Augusto Comte, 1830-1842**): En esta obra, **Comte** presentó una visión del despliegue de la **civilización** y del curso progresivo del espíritu desde sus comienzos hasta la madurez final, en una etapa científica que daría lugar a una **sociedad** nueva. Para Comte, el espíritu humano habría progresado en tres fases históricas: la **etapa teológica**, la **etapa metafísica** y la **etapa positiva**.

D

Darwin, Charles Robert (1809-1882): Científico naturalista inglés, pilar del **evolucionismo**. Su gran aporte no consistió en la idea misma de **evolución** -ya presente desde los tiempos de **Lamarck**- sino en definir el mecanismo que guía a ésta: la **selección natural**. Su **teoría** constituyó un duro golpe para las explicaciones **creacionistas** y teológicas al afirmar que unas especies se derivan de otras y destacar la importancia de lo heredado en la conducta. Sostuvo que las diferencias entre los **individuos** de una misma **especie** explican su evolución. Afirmó también que las diferencias entre el hombre y los animales son sólo de grado. Convivió en nuestro país con indígenas de la Patagonia y Tierra del Fuego, recogiendo información para avalar sus teorías. Entre sus obras principales encontramos a: *El origen de las especies por medio de la selección natural* (1859). (Ver **darwinismo**).

Darwinismo (1858 →): Teoría o conjunto de **hipótesis** que defiende C. **Darwin** en sus obras. Mayr señala cinco teorías fundamentales de la versión actual del D: 1) la **evolución** (las especies no son fijas, sino que evolucionan), 2) la ascendencia común (cada grupo de organismos desciende de una **especie** ancestral), 3) el gradualismo (la transformación de las especies procede siempre gradualmente y nunca a saltos), 4) la especiación como **fenómeno** que se produce en el seno de la **población**; de modo que las especies surgen por diversificación y aislamiento reproductivo (imposibilidad de acoplamiento fértil entre organismos, ver **especiación**), y 5) la **selección natural** vinculada con la lucha por la existencia y la supervivencia del más apto (en toda generación de organismos hay diferencias individuales en diversos rasgos y aspectos fisiológicos). No todos los individuos llegan a la edad reproductiva. Aquellos que presenten caracteres ventajosos, vivirán más tiempo y dejarán mayor descendencia. Esos rasgos, entonces, habrán sido seleccionados y habrán modificado por selección natural a la especie (ver **darwinismo social**).

Darwinismo social (Herbert Spencer, fines del siglo XIX →): Teoría que plantea -a partir de una lectura polémica de la teoría de **Darwin**- que el hombre está en **competencia** con sus semejantes, y que de esa lucha surge una "**selección natural**" en la que sólo sobreviven los más aptos o los más fuertes. Esto sirvió para justificar la rivalidad entre los **Estados** en la etapa **imperialista** y las profundas diferencias sociales y raciales, coincidiendo con las lecturas del **elitismo** y el **liberalismo**. El DS sostiene que en todas las **sociedades** hay una desigualdad natural, y que sólo las *élites* son capaces de dirigir un país. Las teorías de T. **Malthus** y E. Haeckel también forman parte del DS.

Dato: Desde el **inductivismo**, el D es todo elemento que –si se reitera con regularidad- puede dar origen a una generalización. Desde el **método hipotético-deductivo**, es D todo elemento que puede brindar o restar apoyo a una **hipótesis** preexistente, de la cual este elemento constituye un caso de **predicción**. En general, un D es lo dado, lo que se nos presenta a pesar nuestro y que no creamos (aunque pueden crearse las condiciones para que se nos presente un D).

Deaño, Alfredo (1944-1978): Filósofo y lógico español, recibió influencias de **Aristóteles** y **Wittgenstein**. Entre sus obras principales encontramos a: *Introducción a la **lógica** formal* (1975).

Deber ser: Conjunto de **normas** que establecen un estado de cosas ideal. A diferencia del **ser**, que se basa en la des-

cripción de hechos, del DS no tiene sentido predicar su **verdad** o falsedad, porque se trata de **prescripciones**. Siguiendo a **Hume, Kelsen** sostiene la existencia de una "abismo lógico" entre ser y DS, por el cual ningún juicio de DS puede derivarse lógicamente de las **premisas** que sólo sean juicios del ser, y a la inversa.

Deducción: 1. Procedimiento estrictamente reglado para obtener **proposiciones** o pseudo-proposiciones (**símbolos sin significado**) a partir de otras. Puede llevarse a cabo en el **lenguaje natural**, oral o escrito, y en un **lenguaje artificial**. En este último caso se llaman **fórmulas** a los **signos** que representan proposiciones y se ordenan una debajo de la otra. Hay muchos **sistemas** de reglas para la D pero son todos equivalentes: lo que tienen en común es que sólo permiten razonar de manera válida, es decir, de manera que nunca suceda que las premisas sean verdaderas y la conclusión falsa. (Lo que es tautológico es el **razonamiento** tomado como **afirmación**; ver **método del condicional asociado**).

Deductivismo: Ver **método deductivo**.

Definición: Manifestación de lo que significa un **signo** o grupo de signos. Se compone de un *definiens* (signos que definen) y un *definiendum* (signo a definir). Funciones de la D: aumentar el vocabulario, eliminar la **ambigüedad**, reducir la **vaguedad**, etc. Para muchos autores, dar una D del concepto "F" es dar **condiciones necesarias** y **suficientes** para que una cosa sea F.

Definición aclaratoria: Definición que

busca eliminar la **vaguedad** de un término. El *definiendum* no es un término nuevo, sino que tiene un uso establecido, pero vago. Pero en otro sentido la DA, define un término nuevo ya que se trata de un término menos vago y por tanto diferente. Una DA se juzga como correcta o incorrecta de acuerdo a algún propósito: puede desearse conservar intacta la extensión del término original, o bien conservar alguna parte considerada importante del concepto original, a pesar de que la extensión del concepto nuevo sea diferente, etc. Por ejemplo, "país democrático" puede ser definido como "país con **elecciones** y **Parlamento**".

Definición conceptual: Definición de una palabra mediante otras palabras. El diccionario se basa en este tipo de definición. Opuesto: **definición ostensiva.**

Definición connotativa: Procedimiento que consiste en ofrecer los sinónimos de una palabra para definirla (**"definición por sinonimia"**).

Definición contextual: Tipo de **definición** donde se comunica el **significado** de una palabra incluyéndola en un contexto característico, de tal modo que la comprensión del conjunto de una frase o párrafo permite entender lo que una palabra quiere decir. Por ejemplo, si un periódico norteamericano informa que en las **elecciones** de su país se impuso "la **izquierda**", debemos tener en cuenta que en el contexto de la **política** de **EE.UU.**, la izquierda no tiene nada que ver con el **socialismo**, sino que refiere al **Partido Demócrata**, de tendencia **liberal** (a la izquierda, si se quiere, del **Partido**

Conservador, pero decididamente no "de" izquierda). Así, el significado del término "izquierda" surge implícitamente del contexto.

Definición denotativa: Ver **definición por ejemplos.**

Definición designativa: Ver **definición por ejemplos.**

Definición estipulativa: Es la que se da a un **término** totalmente nuevo, cuando se lo usa por primera vez. A veces se las llama **definiciones nominales** o **definiciones verbales**. Es muy usado en fórmulas, para economizar esfuerzos; por ejemplo, el exponente en matemáticas ($A_9 = B$, es mejor que $A \times A \times A \times A \times A \times A \times A \times A \times A = B$). Otro ejemplo: si se nos antoja llamar "Catacuaz" a una persona desgarbada y extravagante. Las DE no son ni verdaderas ni falsas, sino útiles o inútiles, claras o confusas, etc. La adopción de un término por parte de una **comunidad lingüística**, convierte a la DE en **definición informativa.**

Definición explicativa: Una DE ayuda a decidir sobre los casos límite. Por ejemplo, los movimientos que se oponen al aborto dicen defender la vida, lo que requiere una definición más precisa de lo que es "vida". La DE difiere de la **definición estipulativa**, porque en la primera el *definiendum* no es un nuevo término sino que ya está en uso, aunque es vago. Los que elaboran una DE no tiene libertad para proponer cualquier **significado**, pero deben ir más allá del uso establecido, con el fin de reducir la **vaguedad.**

Definición funcional: Consiste en determinar la **extensión** de un **término**, es decir, el conjunto de cosas de las que se predica el término, describiendo la **función** que tales cosas tienen en un **sistema**. Por ejemplo: "El **Estado** es el organismo que tiene el monopolio de la violencia física."

Definición informativa: Definición de un **término** estableciendo cuál es el uso que de él hace cierta **comunidad lingüística**. Por ejemplo, "gillipollas", en **España**, significa "tonto". Sinónimo: **definición lexicográfica**.

Definición instrumental: Ver **definición operacional**.

Definición intensional: Definición de las **características definitorias** de un **concepto**.

Definición lexicográfica: Tipo de **definición** que elimina la **ambigüedad** y enriquece el vocabulario, pero cuyo **signo** -sin embargo- no es nuevo, sino que ya tiene un uso establecido. Puede ser verdadera o falsa, en el sentido de que representen o no el uso real ("una montaña es una figura plana" es falsa, ya que el *definiendum* tiene un **significado** anterior). No importa si el *definiendum* habla de cosas que existen o no ("unicornio" tiene definición, aunque no exista ninguno real, es decir, aunque el concepto tenga una **extensión** vacía). También llamada **definición informativa**.

Definición nominal: Definición de los nombres o palabras que hablan de una cosa. Opuesto: **definición real**.

Definición operacional: Tipo de **definición** (también puede ser una **hipótesis**) que enlaza **definiciones teóricas** con el terreno **empírico**. Son instrucciones por medio de las cuales se relaciona el objeto empírico con su formulación teórica. El **concepto** a estudiar es el mismo, sólo que se le busca una forma operacional para encontrar los **datos** empíricos que permitan comprenderlo. Por ejemplo, definir "inteligencia" en base al puntaje que obtiene un **individuo** en un test que mide el coeficiente intelectual.

Definición ostensiva: Definición que da ejemplos de la utilización de un **concepto**, generalmente por medio de gestos (por ejemplo, señalando con el dedo). Siendo la forma más primitiva de definición, tiene el defecto de la imprecisión o la **ambigüedad**: por ejemplo, si un niño nos pregunta qué es "nieve" y le mostramos con el dedo un paisaje de Bariloche, quizá no pueda distinguir a la nieve de las montañas.

Definición persuasiva: Definición con **función expresiva** que busca influir en las actitudes de los demás. Cualquier definición puede ser persuasiva, si está formulada en un **lenguaje** emotivo (por ejemplo, "aborto" puede definirse como "asesinato de seres humanos indefensos" o "derecho a la libertad de la mujer a decidir sobre su cuerpo").

Definición por ejemplos: Ver **definición por enumeración**.

Definición por enumeración: Consiste en dar de una palabra una lista de ejemplos de aquellos objetos que la palabra denota. Por ejemplo, definir "diario" diciendo "Clarín", "Crónica", "La Nación", etc. Esta **definición** no da un criterio para la aplicación de la palabra, es decir, no determina la **extensión** de la palabra, porque la lista de ejemplos que se haya escogido es común a **conceptos** con diferente extensión. "Clarín", "Crónica", "La Nación" son ejemplos de diarios pero también de publicaciones argentinas y también de cosas hechas con papel, etc. Incluso en el caso poco probable en el que se dé una enumeración completa de todos los ejemplos, una DPE no alcanza para comprender el **significado** de un **término**, ya que la extensión no determina una **intensión**. Una enumeración completa de los objetos a los que determinada palabra denota ofrece un criterio de aplicación de la misma en un sentido trivial.

Definición por sinonimia: Ver **definición connotativa**.

Definición real: Definición de la naturaleza de una cosa, del **objeto** en sí y no de la palabra que lo designa. Según algunos autores, este tipo de definición no es posible, porque de lo que hablan las definiciones es de palabras, no de objetos. Opuesto: **definición nominal**.

Definición teórica: Definición que trata de formular una definición teóricamente adecuada de los objetos a los que se aplica. Por ejemplo, el calor era definido de una manera, hasta que apareció una nueva teoría que cambió la definición. Se las llama también **analíticas**.

Definición verbal: Definición del signifi-cado de una palabra con otras palabras. La DV es la utilizada, por ejemplo, por el diccionario. Sinónimo: **definición conceptual**.

Definiendum: Parte de la **definición** que expresa el **símbolo** a definir. Por ejemplo: "perro". Opuesto: **definiens**.

Definiens: **Enunciación** del **significado** de un **término**. Parte de la **definición** que está dada por los **símbolos** que se usan para definir al **definiendum**. Por ejemplo: "animal de cuatro patas", para definir "perro".

Demostración directa: Demostración (ver) que no es una **demostración por el absurdo** (ver).

Demostración por el absurdo: Método que toma como **premisa** la **negación** de una **proposición** que se quiere demostrar (no p), para derivar, por la aplicación de las **reglas de inferencia**, alguna **contradicción**.

Denotación (Charles Morris): Lista de los objetos que componen los ejemplos de un término. Llamado también **extensión**. Hay **términos** que no tienen D, aunque sí **intensión** o **connotación** (por ejemplo, un gnomo). También la D designa al conjunto de **características definitorias** de un **término**. Por ejemplo, "silla", tiene como D el conjunto de todas las sillas. Opuesto: **connotación**.

Denotatum: Objetos reales a los que alude un **signo**.

Deóntica: Ver **deontología**.

Deontología: Disciplina que estudia el **deber ser** y las reglas y **normas morales.** El término -propuesto por J. **Bentham**- refiere a la determinación de lo que está permitido y lo que está prohibido (**modalidades deónticas**). En la actualidad, se utiliza el término "**deóntica.**" Opuesto: **ontología.**

Descripción: Relato de lo que algo es, en contraposición a la **prescripción**, que habla de lo que algo debe ser.

Designación (Charles Morris): Características definitorias de un **concepto.** Clase o conjunto determinado de propiedades que comparten ciertos objetos. Capacidad de nombrar o significar algo.

Designado: Aquello que el **signo** nombra.

Designatum: Aquello a lo que un **signo** hace referencia.

Determinismo: Concepción que afirma que todos los **hechos** son previsibles, que la realidad está determinada por **leyes** mecánicas por las que se establecen conexiones necesarias entre los **fenómenos**, que permiten hacer **predicciones** y deducir su evolución. M. **Harris** lo define con el esquema "**causas** similares bajo condiciones similares, **efectos** similares." Así, para **Galileo**, la naturaleza está regida por principios constantes. En el siglo XX, el D fue cuestionado por nuevas ideas como la **teoría de la relatividad**, la termodinámica y el azar. También existió un D de orientación pseudo-**marxista**, que planteó la inevitabilidad de la **revolución** (D económico), visión que ya había sido criticada por el propio **Marx** (ver **economicismo**). El D social o antropológico niega el **libre arbitrio** ya que para estas concepciones el yo está determinado a actuar por fuerzas que le son externas (condiciones socio-económicas, historia familiar, vivencias, etc.) y no es libre para tomar decisiones. Esta última **doctrina** fue criticada por muchos filósofos porque niega la posibilidad de la responsabilidad (ya que si creo que no soy libre de elegir lo que hago, no me siento responsable por mis actos), especialmente por **Sartre**. En el campo del pensamiento científico existe lo que se conoce como D tecnológico, que plantea que el cambio social se explica por los cambios en la **tecnología**.

Disputa de los universales: Controversia filosófica entre los **realistas** –que plantean que lo único real son los conceptos universales, fuentes del **conocimiento** humano- y los **nominalistas** –para quienes lo universal no revela nada esencial, ya que la realidad se conoce desde sus elementos individuales-. **Platón** y Abelardo son, respectivamente, representativos de ambas posiciones.

Doctrina: Conjunto coherente y sistematizado de ideas.

Dualismo metodológico: Postura epistemológica que sostiene que las **ciencias sociales** tienen un **método** distinto al de las **ciencias naturales**, no pudiendo ser subsumidas por éstas. Opuesto: **monismo metodológico**, propio del **positivismo**.

E

El falsacionismo y la metodología de los programas de investigación (Imre Lakatos, 1970): Obra clave de **Lakatos**, establece las bases de su **"programa de investigación"**, que es la sucesión de teorías científicas en la **historia** y que está compuesto por un **núcleo central** y un **cinturón protector**. Según Lakatos, la **epistemología** no debe analizar las teorías aisladas (tal como ha hecho la epistemología tradicional), sino un entramado más complejo compuesto por la **teoría** primitiva y sus sucesivas modificaciones (luego de añadirle **hipótesis**).

El origen de las especies por medio de la selección natural (Charles Darwin, 1859): En su obra cumbre, el naturalista británico expuso la idea de que la **evolución** respondía a una **selección natural** regida por la lucha por la **supervivencia**. Las crías heredan características de sus padres; pero surgen variaciones (por esta razón no hay dos rostros iguales). Ciertas crías nacen con características que hacen que no puedan sobrevivir para llegar a reproducirse, por lo que no tienen descendencia (si son enfermizos nacen sin riñones, o ciegos, etc.), mientras que otras crías tienen características que les permiten reproducirse y tener muchos hijos (que heredan esas características y a su vez tienen más hijos).

Elemental: Lo que se basa en los elementos mínimos, básicos e indivisibles, como las letras, los puntos, los **términos primitivos** o los átomos.

Empiria: Datos de que disponemos sobre la realidad espacio-temporal. La diferencia entre la "realidad" y la E es que la primera refiere a los **fenómenos** en sí mismos, más allá de la percepción humana, y la E es la forma en que nuestra **cultura** procesa esa realidad representándosela de determinada manera.

Empírico: Referente a la **experiencia** sensible o a los hechos.

Empirismo: (Del griego *empeiría* = experiencia). Posición que afirma que todo **conocimiento** debe fundamentarse en la **experiencia** (*a posteriori*) y se deriva de los **hechos**. Los supuestos básicos del E son: que la **ciencia** comienza con el **método inductivo**, es decir con la **observación**, que proporciona una base segura a partir de la cual se puede derivar el conocimiento. Cuando la **empiria** es analizada teóricamente, se convierte en científica. El E se inició con Francis **Bacon** y Thomas **Hobbes**, siendo luego continuado por el **positivismo** y el **neopositivismo**. Son exponentes importantes del E, además de los mencionados, **Locke**, **Berkeley** y **Hume** (**E inglés**). El saber, para el E, es un auxiliar de la acción práctica; el conocimiento no tiene una base racional, pero es válido porque es útil para la supervivencia. El E entiende a la conciencia como una hoja en blanco o *tabula rasa*, donde no existen ideas innatas. Esa hoja sólo es llenada de contenido por los **datos** de la experiencia. De este modo, para el E el pensamiento es un conjunto de sensaciones transformadas. Por ello, se maneja con **proposiciones sintéticas**. Opuesto: **racionalismo** e **innatismo**.

Empirismo abstracto: Endiosamiento del **dato** y las técnicas cuantitativas, reduciendo al mínimo la importancia de la **teoría**. Es una de las principales críticas que se le hacen al **positivismo**.

Empirismo ingenuo: Ver **inductivismo ingenuo**.

Empirismo inglés (Inglaterra, siglos XVII-XVIII): Empirismo moderno cuyas figuras centrales son **Locke, Berkeley** y **Hume**. Estos autores sostenían que todo el **conocimiento** se inicia en la **experiencia** y debe fundarse en ella. Desarrollaron sus ideas en un marco conceptual **cartesiano**. Su preocupación central no era la fundamentación de las **ciencias naturales** sino la de abordar cuestiones morales.

Empirismo lógico: Ver **positivismo lógico**.

Ensayo y error (Karl Popper): Método utilizado por el **falsacionismo** por el cual –a través de **hipótesis** audaces que se exponen o se arriesgan a la **refutación**- la **ciencia** progresa. Por medio del EYE, se van eliminando las **conjeturas** o hipótesis erróneas -es decir, las que han sido refutadas- mientras que las que resisten a la refutación –las que son **corroboradas**- se conservan de manera provisoria.

Entinema (Aristóteles): Especie de **silogismo** abreviado o incompleto, donde se sobreentiende una de las **premisas**, adoptando la forma de un silogismo de dos **proposiciones**. Es una de las formas más cotidianas del **discurso**. Sus premisas son sólo probables, se basa en la **verosimilitud** (indicios más o menos probables). El E tiene como finalidad dirigir la acción, orientar el juicio. No explica ni demuestra nada, sólo impone lazos deductivos entre **enunciados**. Por ejemplo, "River juega de local contra Atlético Rafaela, por lo tanto ganará".

Entropía: Término proveniente de la física termodinámica, la E refiere al desorden, mezcla, indiferenciación de elementos en forma azarosa e impredecible, existente en un **sistema**, por lo general ocasionado por pérdida de **energía** (o temperatura). En la **teoría de la información**, desorden en el **mensaje**. Opuesto: **neguentropía**.

Enunciado: Afirmación o **proposición** sobre cierta parte de la realidad, resultado de una **enunciación**. **Objeto** observable, la manifestación aquí y ahora de una **oración** con **función informativa**, susceptible de ser verdadera o falsa. Por ejemplo: dos personas distintas dicen en distintos momentos "Hace frío." La oración es la misma, pero el E es distinto. En él se reconocen dos niveles: el enuncivo -la información o la **historia** contenida y transmitida- y el enunciativo -el proceso de enunciación por el que un yo es responsable de ese E-. El primero -lo enunciado- es explícito y posee **sujeto**, verbo y **objeto**; el segundo -la enunciación- es implícito y también posee su propio sujeto, verbo y objeto. Por ejemplo, en el E "Juan está comiendo caramelos", "Juan" es el sujeto, "comer" es el verbo y los caramelos son el objeto construido en el E. El sujeto de la enunciación, en cambio, es el que haya dicho el E, el verbo es el decir -el cual siempre expresa una acción transitiva- (siempre se dice a alguien, un *tú*), y el objeto de la enunciación es el E "Juan está comiendo caramelos." El

objeto del E y de la enunciación es a lo que se orienta la acción del sujeto, por lo que entre el sujeto y el objeto existe algo que los une. El E es el resultado de una enunciación concreta y determinada, única e irrepetible. A su vez, puede permanecer aún cuando el **emisor** ya no se encuentra en el lugar, pero da cuenta de esa situación. (Para ver una completa clasificación de enunciados, consultar el Diccionario Básico de Lógica).

Epilenguaje: Ver **metalenguaje.**

Epistéme: (Del griego antiguo, "conocimiento"). Realidad, **verdad, conocimiento** racional, **objetivo** y universal. Opuesto: *dóxa.*

Epistemología: Desde un punto de vista amplio, la E equivale a la **gnoseología** o **teoría del conocimiento,** disciplina que busca explicar todo el **conocimiento** humano. En un sentido más restringido, se llama E a la parte de la **Filosofía** que estudia en forma crítica a la **ciencia** y al **conocimiento científico** propiamente dichos. Se dice que es una metaciencia o la "ciencia que estudia a la ciencia", o cómo se producen, estructuran y validan los conocimientos científicos. Uno de sus impulsores principales ha sido Gastón **Bachelard.** Las principales corrientes de la E son el **positivismo lógico** (Carnap, Hempel), el **falsacionismo** (Popper, Lakatos) y la **nueva filosofía de la ciencia** (Kuhn, Feyerabend). En el campo de la **Psicología** se destaca la **E genética** de J. **Piaget** (ver). **(PONER CUADRO EPISTEMOLOGÍA)**

Escuela de Berlín (Alemania, 1929-1932): Corriente del **positivismo lógico** a la que pertenecieron H. **Reichenbach,** K. Grelling, R. von Mises y Carl **Hempel.** En 1929 se realizó un congreso de **epistemología** de las **ciencias** exactas presidido por M. Schlick, que reunió a la EDB y al **Círculo de Viena.** En líneas generales el espíritu y las **tesis** fueron comunes a ambos grupos (aunque Reichenbach adhirió por poco tiempo a las tesis más radicales del Círculo de Viena).

Especiación: Origen de especies a partir de una **especie** ancestral. De acuerdo al **darwinismo** moderno, las especies se originan dentro de una misma **población** por mecanismos de aislamiento reproductivo. Estos mecanismos surgen como consecuencia de la acumulación de diferencias genéticas entre partes aisladas de una población. Por ejemplo, una barrera geográfica (una isla separada del continente) puede aislar físicamente a miembros de una misma especie. Si los ambientes de cada una de esas islas son diferentes, es posible que en cada uno de ellos, se *seleccionen* distintas variantes genéticas (ver **selección natural**). Con el tiempo, las diferencias genéticas entre ambos grupos aumentan, haciéndolos genéticamente incompatibles para dejar descendecia fértil. Es a partir de entonces que se han originado especies nuevas a partir de la original.

Especie: Clase subordinada al **género.**

Especie: Conjunto de **individuos** que tienen la capacidad de reproducirse mutuamente. Una E está constituida por **poblaciones** naturales que presentan características morfológicas y genéticas comunes, y son capaces de reproducirse entre sí.

Las E van modificándose a lo largo de un proceso de descendencia, por medio de la **selección natural** de numerosas variaciones sucesivas, ligeras y favorables. A diferencia de las **razas**, las E no se mezclan. Por ejemplo, los chimpancés.

Esquema nomológico-deductivo: Ver **explicación nomológico-deductiva.**

Estado de cosas: Las cosas según la situación o realidad en la que se encuentran, el conjunto de los hechos o **fenómenos.**

Estratagemas inmunizadoras (Karl Popper): Conjunto de recursos utilizados por los científicos para tratar de salvar una **hipótesis** amenazada por **datos** contrarios a ella. Ejemplo: las **hipótesis** *ad hoc.* Conocido también como **principio de la tenacidad.**

Estructura de una teoría científica: Toda **teoría** científica se compone de tres niveles: **nivel 1** (**afirmaciones empíricas, enunciados** o **consecuencias observacionales** singulares), **nivel 2** (afirmaciones o **leyes empíricas** generales) y **nivel 3** (afirmaciones teóricas o **leyes generales**).

Etimología: Rama de la **lingüística diacrónica** que estudia el origen y **significado** de las palabras en su desarrollo histórico.

Etiología: Estudio de las **causas** de un **fenómeno**, en particular de tipo patológico, su diagnóstico y tratamiento.

Evento (Karl Popper): Aspecto **universal** o típico de un **acontecimiento** (ver). Se define como la **clase** de todos los acontecimientos del mismo tipo. Por ejemplo, la clase de acontecimientos que permiten afirmar que Batistuta es goleador, es un E (cada acontecimiento refiere a uno de sus goles particulares). Todos los **enunciados básicos** que pertenecen al mismo E son homotípicos.

Evolución: La E como **concepto** se remonta a los filósofos **presocráticos**. Durante la **Edad Media** predominó el **fijismo** –todo lo existente fue creado por Dios-. Las ideas evolucionistas resurgieron con la **ciencia** moderna. En el siglo XVIII, **Lamarck** planteó una teoría de la E, el **transformismo**, basada en la herencia de los caracteres adquiridos. El gran aporte de **Darwin** fue definir el mecanismo que guía a la E: la **selección natural**, que opera como un árbitro que elige qué organismos sobrevivirán. Despojó a la idea de E de todo sentido de dirección, de progreso, ya que ésta no se dirige hacia lo más perfecto, sino que tiene que ver con la adaptación de los organismos a condiciones cambiantes. Es más, Darwin prefería hablar de "descendencia con modificaciones", en un proceso lento y gradual. Así, para Darwin la E es un proceso con dos pasos: 1) variabilidad inicial, que se da de manera azarosa: **individuos** de una misma especie con diferencias; así, unas mariposas nacen con alas blancas y otras con alas negras, 2) selección natural, donde determinadas **causas** ambientales permiten sobrevivir a las mariposas de alas negras y no a las de alas blancas. Los **procesos** que causan pequeños cambios se acumulan y producen grandes cambios. Y la acumulación de grandes cambios produce nuevas **especies**. Se considera que la E se da en

dos dimensiones: la **E filogenética** y la **especiación**. A mediados de la década de 1930 surgió la **teoría sintética de la evolución**, que partió de las ideas de Darwin y de los conocimientos de la genética.

Evolución filogenética: Cambios que a lo largo del tiempo se van acumulando en una única línea de descendencia, habitualmente ligados a procesos adaptativos.

Evolucionismo: (Para los aspectos específicos del pensamiento de **Darwin** ver **darwinismo** y **teoría de la evolución de las especies**). Algunos de los supuestos generales del E son los siguientes: a) todos los seres humanos somos producto de una evolución biológica común y tenemos la misma psiquis; no hay diferencias en nuestra constitución: todos tenemos la misma inteligencia, lo que cambia es el estadio evolutivo de la **sociedad**, b) complejidad creciente: a medida que avanzamos en la evolución, la sociedad y las **instituciones** que la componen tienen una complejidad mayor, c) supervivencia: existen elementos culturales de una sociedad que no tienen que ver con el estadio cultural al que han llegado mediante su desarrollo, sino que han quedado como restos de los estadios culturales anteriores; a estos restos se los denomina supervivencias. Pero metodológicamente, el aspecto más importante es la diacronización de las formas sincrónicas, es decir que lo que observamos en el presente en el nivel **sincrónico**, debe ser analizado en base a cómo el desarrollo cultural concluyó en lo que hoy es. En cuanto al E en la **Antropología**, pensadores como **Tylor**, **Morgan** y Frazer plantearon la existencia de estadios o fases de desarrollo fijos válidos para toda sociedad: **salvajismo**, **barbarie** y **civilización**. El E fue utilizado para justificar la expansión **colonial** del **imperialismo** inglés en el mundo. El E –particularmente la obra de Herbert **Spencer**, quien acuñó el concepto de **darwinismo social**- afirmaba que el imperio constituía la **cultura** superior, la más evolucionada o desarrollada y que por eso debía encargarse de ayudar-controlar-dominar a las culturas que se habían quedado en estadios anteriores de desarrollo. Esta teoría se basa en una **hipótesis** central: todas las sociedades humanas evolucionan en base a la misma secuencia, no hay diferentes caminos evolutivos. Esto es lo que se denomina evolución unilineal: hay sólo una línea evolutiva. El E sentó las bases de teorías posteriores, como el **biologicismo** y el **funcionalismo**.

Evolucionismo social: Ver **darwinismo social**.

Experiencia: Captación de la realidad a través de los sentidos o posibilidad de **confirmación empírica** de **datos**.

Experiencia crucial: Ver **experimento crucial**.

Experimentación: **Observación** de la relación entre dos o más **variables empíricas** en una situación artificialmente provocada.

Experimento: Manipulación intencional de los **datos** o de las **variables** de un **fenómeno** para **poder** observar sus efectos dentro de una situación que está siendo controlada por el investigador. Los E son repetibles: pueden recrearse en distintos momentos para que el resto de la comunidad científica pueda comprobar los resultados que obtuvo un experimentador. Por ejemplo: al calentar un líquido con sales en un frasco tapado, las sales se cristalizan en la superficie interna de la tapa.

Experimento crucial: Puesta a **prueba** de dos **hipótesis** contrapuestas con el fin de eliminar a una de ellas. Si una de las hipótesis implica una **proposición** experimentalmente verificable que contradice o es incompatible con la implicada por una segunda hipótesis, el EC nos habilitaría para eliminar definitivamente a una de ellas. Sin embargo, para muchos críticos esto no es así: ningún **experimento** pone a prueba a una hipótesis aislada, sino a todo el **conocimiento** relevante para la cuestión que esté lógicamente implicada en ésta (por ejemplo, a otras hipótesis o **hipótesis auxiliares**). Por lo tanto, el EC no refuta a una hipótesis aislada, sino también a las hipótesis auxiliares y supuestos que la acompañan, tomados como un todo (la **refutación** implica que al menos una de las hipótesis es falsa, pero no indica cuál de ellas lo es ni cuántas lo son). Llamado también **contrastación crucial**. Por ejemplo, la geometría euclidiana y la geometría hiperbólica predicen distintos valores para los ángulos internos de los triángulos, pero las diferencias sólo son grandes en los casos de triángulos muy grandes (en geometría hiperbólica la suma de los ángulos internos de un triángulo varía según varíen las longitudes de los lados). Por eso, para realizar un EC, se eligió el ángulo formado por tres montañas situadas a gran distancia. El experimento fracasó porque los instrumentos de medición de los que se disponían tenían un margen de error mayor que la diferencia entre las predicciones de ambas teorías. Ponemos este ejemplo porque es sencillo, ya que intervienen pocas hipótesis auxiliares y ambos **sistemas** están axiomatizados, por lo que -de haber la **tecnología** necesaria- sería un EC con un resultado poco cuestionable.

Experimento de campo: Técnica científica por la que se analizan situaciones reales dadas (por ejemplo, la vida de una **empresa**) en las que se controlan y manipulan algunas **variables**. El EDC es un punto intermedio entre el **laboratorio** –propio del **método experimental**- y el **campo** –propio del método no experimental-. Por ejemplo, se mostró que el café disminuye la capacidad de trabajar en grupo por medio de un EDC en el que se manipuló una única variable: la ingesta de café, manteniendo a los sujetos en su contexto de trabajo por lo demás no modificado.

Experimento de laboratorio: Técnica científica por la que se crea artificialmente una situación en la que se reproducen las condiciones reales, manipulando las **variables** intervinientes. Por ejemplo, en unEDL se conectó al **sistema** nervioso de un mono un aparato que permitía producirle placer con sólo apretar un interruptor. Acto seguido se puso el interruptor a disposición del mono. El mono probó el botón, recibió la correspondiente descarga y dedicó el resto de su tarde a presionar el botón una y otra vez.

Experimento decisivo: Ver **experimento crucial**.

Explanandum **(Carl Hempel):** (Del latín:

"lo que debe ser explicado"). En la **explicación nomológico-deductiva, proposición** que describe un **fenómeno** a explicar y que se deduce del *explanans*. Se simboliza con la letra E. Por ejemplo, "La rata murió hace una hora".

Explanans (Carl Hempel): (Del latín: "lo que explica"). En la **explicación nomológico-deductiva, proposiciones** utilizadas para explicar un **fenómeno** (*explanandum*). Las proposiciones C_1, C_2..., describen las **condiciones iniciales** o **antecedentes**, y las proposiciones L_1, L_2..., representan las **leyes generales. Popper** cita el siguiente ejemplo: frente al *explanandum* "La rata murió hace una hora", las **premisas** pueden ser: a) **leyes universales** como "Si una rata ingiere al menos 0,48 gramos de veneno, morirá en 5 minutos" y, b) condiciones iniciales, como "Esta rata ingirió al menos 0,48 gramos de veneno hace una hora y 5 minutos" (proposición cuya **verdad** o falsedad puede conocerse por **experiencia**).

Explicación: Respuesta a las preguntas del *por qué* o las **causas** y del *cómo* de un acontecimiento o de una regularidad. A diferencia de la **predicción**, en la E ya se conoce el **fenómeno** a explicar o al menos se lo supone. Pero por lo demás se parece mucho a una predicción en tanto la E nos muestra que cierto hecho o regularidad era esperable, dadas ciertas condiciones que la E explicita. Dicho esto en general, nos dedicaremos a lo que se ha entendido por **explicación científica**. Según el **positivismo**, explicar un hecho significa demostrar que ese hecho es un caso particular de una **ley general**. Hempel dio dos modelos de E científica: E **estadístico-inductivas** que contienen leyes generales estadísticas y E **nomológico-deductivas**, cuyas leyes son **deterministas.** Las **leyes estadísticas** (como las leyes de física cuántica) dicen que un porcentaje de casos del fenómeno B, menor que cien, tiene la propiedad A y por tanto no permiten deducir que un caso desconocido la tiene también (es tan **posible** que la tenga como que no la tenga). Por eso este **modelo** es **inductivo.** Las **leyes deterministas** (por ejemplo, una ley de **Newton**) afirman la **necesidad** de que todos los casos B tengan cierta propiedad y por ello permiten una **deducción** a partir de un nuevo caso B, de que este caso también tiene esa propiedad A. En ambos casos la E incluye como **premisas condiciones iniciales** y leyes. También hay E de leyes a partir de otras leyes que las implican lógicamente; en estos casos no hay condiciones iniciales como premisas por razones lógicas. Actualmente se reconocen más tipos de E científicas irreductibles a ninguno de estos dos modelos. Ver al respecto: **explicación funcional, explicación genética** y **explicación teleológica**. Opuesto: **comprensión.**

Explicación causal: Deducción, a partir de **leyes universales** y **condiciones iniciales** específicas, de una **proposición** que describe un **acontecimiento** específico. Las **explicaciones científicas** intentan responder el "por qué" de las cosas, indagando las **causas**, es decir, son causalistas. Alcanzar las causas implica formular **leyes generales** que expliquen hechos individuales –subsumir un hecho a una ley-. **Popper** identifica las EC con las **explicaciones nomológico-deductivas** de acontecimientos individuales, es decir la **deducción** de proposiciones a partir de **leyes** o **causas**. **Hempel**, en cambio, restringe el concepto para las explicaciones nomológico-deductivas de hechos individuales que incluyan entre sus **premisas** cierto tipo especial de leyes: las que establecen relaciones causales. Según Hempel, una **ley causal** es la que afirma que cierto tipo de sucesos son seguidos siempre por otro tipo de sucesos; por ejemplo, que el movimiento de un imán a lo largo de una espiral de alambre cerrada determina el paso por el alambre de corriente eléctrica. En general, se llama EC a cualquier clarificación de un **hecho** o **regularidad** por medio de la postulación de una causa, del tipo que sea, sin necesidad de que haya **leyes científicas** entre las premisas, ni siquiera implícitamente, y sin necesidad de que el *explanandum* se deduzca del *explanans*.

Explicación científica: Ver **explicación**.

Explicación estadístico-inductiva: Ver explicación inductivo-estadística.

Explicación funcional: Tipo de **explicación** científica que incluye entre sus **causas** sistemas orientados a un fin, pero sin la existencia de motivos, razones o propósitos conscientes por parte de **sujetos**. Se opone en este sentido a la **explicación teleológica**, aunque algunos autores llaman a la EF "explicación teleológico-funcional". Un **enunciado** funcional afirma que un determinado elemento o **variable** cumple cierta **función** dentro de un **sistema** total del cual forma parte. Por ejemplo, "las bujías tienen la función de permitir el encendido del auto".

Explicación genética: Tipo de **explicación** científica que describe la situación actual de un **objeto** o un **sistema** a partir de su evolución anterior, es decir, que apela a los orígenes de un **fenómeno**. Es utilizado en **historia**; por ejemplo, "La **Segunda Guerra Mundial** se explica a partir de la derrota alemana en la **Primera Guerra Mundial**". 

Explicación inductivo-estadística: Tipo de **explicación** científica que utiliza **leyes estadísticas**. La EIE establece regularidades **empíricas** no **universales**, señalando que una cantidad determinada de **objetos** o **fenómenos** de una clase A pertenecen también a otra clase B. Por ejemplo, "Antonio se curó después de tratarse con la medicación X porque el 85 % de los enfermos que recibieron la medicación X respondieron positivamente." Este tipo de explicaciones tiene la forma de un **razonamiento inductivo** en el cual el *explanandum* no se deduce del *explanans*, sino que se infiere de él con cierta **probabilidad**.

Explicación intencional: Ver explicación teleológica.

Explicación nomológico-deductiva (Carl Hempel): En primer lugar, la END es una relación entre proposiciones tal que la **conclusión** se deduce de las **premisas** (de ahí "deductiva") y al menos una premisa es una **ley** (de ahí "**nomológico**", del griego: *nómos* = ley). Hay dos tipos de END según la cosa explicada sea un hecho o una **ley general**. Una ley general se explica a partir de leyes más generales que la implican lógicamente, y sólo se recurre a **enunciados generales** en la inferencia (no hay **condiciones iniciales** para explicar leyes). En el caso de que se explique un hecho, la END está formada por un *explanandum* (E), que es la **proposición** que describe el **fenómeno** a explicar, y un *explanans*, que son las proposiciones o premisas que se utilizan para explicar el fenómeno (**leyes universales** o leyes generales -L1, L2...Lk- más una delimitación de condiciones iniciales o **condiciones antecedentes** relevantes – C1, C2...Ck-). La END es uno de las dos esquemas del **modelo de cobertura legal** y es correcta cuando se cumplen cuatro condiciones: 1) Condición de **deducción**: E debe deducirse del *explanans*, 2) Condición de legalidad: en el *explanans* tiene que haber al menos un **enunciado legal** que sea necesario para la deducción de E, 3) Condición de **contenido empírico**: las proposiciones del *explanans* deben ser confirmables o **refutables** mediante la **experiencia** (esto garantiza que los enunciados generales sean leyes científicas y no, por ejemplo, lógicas), 4) Condición de **confirmación**: las leyes del *explanans* deben estar bien confirmadas. También se le llama **teoría de la explicación por subsunción**. El siguiente es un ejemplo de END: (L1) Todos los metales se dilatan con el calor, (C1) éste es un trozo de metal y (C2) aumenté su temperatura, de ahí que (E) el trozo de metal se dilató. (Nótese que C1 y C2 son imprescindibles para **derivar** E a partir de la ley general).

Explicación probabilística: Tipo de explicación científica en que la **conclusión** del *explanandum* no se desprende necesariamente de las **premisas** del *explanans* –como en la **explicación nomológico-de-** ductiva- sino que se sigue de éste con un alto grado de **probabilidad. Hempel** le dio el nombre de **explicación inductivo-estadística** (ver). Por ejemplo, puede explicarse un divorcio de la siguiente manera: "El 75% de los matrimonios terminan en divorcio, está en nuestra naturaleza".

Explicación teleológica: Tipo de **explicación** científica que incluye entre sus **causas** la búsqueda de un fin por parte de un **sujeto**, es decir, intencionalidad o voluntad humana. Se distingue, en este sentido, de la **explicación funcional.** Por ejemplo, explicar la existencia de la policía por el fin de reprimir y controlar a los súbditos y así lograr la estabilidad del **Estado.**

Explicandum: Ver *explanandum.*

Explicans: Ver *explanans.*

Extensión: Ver **denotación.**

Externalismo: Pretensión de dependencia absoluta de las **ciencias** y de la aparición y producción de las **teorías** científicas respecto de las condiciones sociales y psicológicas, esto es, de la **historia externa.**

F

Factibilidad: Probabilidad de que un hecho ocurra.

Fáctico: Perteneciente o relativo a los hechos.

Facto: Ver **de facto**.

Factor clave: Elemento indispensable para que se desencadene un **proceso** social. Un **insumo** es llamado FC cuando reúne cuatro condiciones: bajo costo, oferta ilimitada, uso universal y ubicarse en la raíz de un **sistema** de **innovaciones** técnicas y organizativas que bajen costos.

Factor llave: Ver **insumo clave**.

Factual: Fáctico.

Falacia: Método incorrecto de **razonamiento, razonamiento inválido**. Tipo de argumentación incorrecta, pero que, a simple vista, parece correcta. Hay **F formales** (**estructura** incorrecta) y **F no formales** (F **semánticas** o por el contenido). Algunos autores equiparan al término "**sofisma**" con el de F. En términos vulgares, idea falsa o equivocada.

Falacia de afirmación del consecuente: Razonamiento inválido que se produce cuando -dada una **premisa condicional** y afirmando el **consecuente** de dicho condicional en la segunda premisa- se afirma el **antecedente** como **conclusión**. Por ejemplo: "Si los átomos están formados por neutrones, electrones y protones, entonces, no son las partículas físicas más pequeñas (premisa condicional). Los átomos no son las partículas más pequeñas (segunda premisa: afirmación del consecuente). Por lo tanto, están formados por neutrones, electrones y protones (conclusión que afirma el antecedente)". Su **forma lógica** es: si p → q, q, p.

Falacia de negación del antecedente:

Razonamiento inválido que se produce cuando -dada una **premisa condicional** y negando el antecedente de dicho condicional en la segunda premisa- se niega el **consecuente** como **conclusión**. Por ejemplo: Si cruzo con el semáforo en rojo, entonces me pisa un auto (premisa condicional). No cruzo el semáforo en rojo (segunda premisa: negación del antecedente). Por lo tanto, no me pisa un auto (conclusión que niega el consecuente). Su **forma lógica** es: si p → q, ¬p, ¬q.

Falacias de ambigüedad: Falacias no formales ocasionadas porque se produce una confusión debido a la utilización de términos o frases con más de un **significado**. Las más conocidas son el **equívoco**, la **composición**, la **división**, la **anfibología** y el **énfasis**.

Falacias de atinencia: Falacias no formales en que las **premisas** de los **razonamientos** carecen de **atinencia lógica** con respecto a sus **conclusiones**, y por ende, son incapaces de establecer la **verdad** de las mismas.

Falacias formales: Falacias cuya falla está en la forma del **razonamiento**, cuando su forma es inválida. Parecen válidas porque sus **premisas** y **conclusión** son verdaderas; pero el error es tomar la **verdad** de las **proposiciones** como garantía de la **validez** del razonamiento. Pero si abstraemos la **forma lógica**, siempre será posible encontrar una nueva **interpretación** que tenga premisas verdaderas y conclusión falsa. Las FF más conocidas son la **falacia de afirmación del consecuente** y la **falacia de negación del antecedente**.

Falacias no formales: Falacias no centradas en la **forma lógica** sino en su uso cotidiano. Son psicológicamente persuasivas y son usadas para convencer a otros de aceptar una determinada **conclusión**. Hay dos tipos: **falacias de atinencia y falacias de ambigüedad.**

Falible: Susceptible de ser falso.

Falsabilidad (Karl Popper): Condición o **criterio de demarcación** que distingue entre las **hipótesis** o teorías científicas de las no científicas. La F depende de que la hipótesis o **teoría** pueda ser puesta a **prueba** de modo que pueda intentarse su **falsación** (sin importar si efectivamente es o no falsada). La teoría más deseable es la que más prohíba. Este criterio se diferencia de los criterios de demarcación de la **verificación** y de la **confirmación.**

Falsable: Que está en condiciones de ponerse a **prueba** para ver si es o no falso.

Falsación (Karl Popper): Contrastación negativa de una **consecuencia observacional** de una **hipótesis.**

Falsacionismo (Karl Popper): Corriente **epistemológica** que plantea como idea central que el acento del trabajo científico no está en tratar de **confirmar** las **hipótesis**, sino en tratar de **refutarlas.** La regla de oro de la metodología popperiana es que ningún **enunciado** debe quedar a salvo de la posibilidad de ser refutado: ese es el llamado **criterio de demarcación científica.** El esquema de investigación científica del F es el siguiente: 1- **problema, hipótesis** o **conjetura,** 2- deducción de sus **consecuencias** observacionales, 3- **contrastación** a través de la **observación** o el **experimento,** 4- **corroboración** o **refutación** de la hipótesis. En el F hay tres posturas: el **F dogmático,** el **F metodológico ingenuo** y el **F sofisticado** (según la clasificación de Imre **Lakatos,** discípulo de **Popper**).

Falsacionismo dogmático (Imre Lakatos): **Lakatos** distingue tres tipos de **falsacionismo** para dar cuenta de su propia posición y de la de su maestro, **Popper** (ver también **falsacionismo metodológico ingenuo** y **falsacionismo sofisticado**). El FD es el más simple y equivocado de los tres y según el autor no fue el que sostuvo Popper; es la posición extrema del falsacionismo, que establece que una sola **refutación** basta para desechar una **hipótesis** científica. Al FD se le ha criticado que no toma en cuenta que es posible que –en una refutación- lo que haya estado incorrecto haya sido el **enunciado básico singular,** o **las condiciones iniciales,** o alguna **hipótesis auxiliar,** etc. Por ejemplo, a la primera persona que se le aplicó la vacuna de penicilina, murió a los pocos días. Pero el problema no era la penicilina, sino que la cantidad aplicada no era suficiente. Si se hubiera seguido el criterio del FD, la penicilina hubiera sido desechada. Gaeta y Lucero resumen así los tres **supuestos** propios del FD: 1) Pueden distinguirse los **enunciados teóricos** de los enunciados observacionales de manera clara y fundada en algo así como la naturaleza misma del **lenguaje** o del mundo, 2) La **verdad** o falsedad de los enunciados observacionales (o básicos) pueden **demostrarse** por la **experiencia,** a partir de los "puros hechos", es decir que confían en una **base empírica** sólida (el conjunto de todos los enunciados observacionales), 3) Una teoría es científica si tiene falsadores potenciales (los enunciados que la teoría prohíbe) verificables por la experiencia. a) es una posición arcaica en **Filosofía** y se suele creer, en cambio, que cualquier distinción de ese tipo es arbitraria y además, según la distinción que habitualmente se traza en **ciencia**, un **enunciado observacional** está cargado de teoría acerca de los instrumentos de observación y de medición y del comportamiento de la luz, b) es falso porque los enunciados sólo pueden demostrarse por otros enunciados, c) es inaceptable porque excluye de la ciencia a las teorías más útiles y en boga, como la **teoría de la relatividad** ya que ésta contiene **leyes probabilísticas** (que son **irrefutables**) o las teorías que incluyen cláusulas *ceteris paribus* (ver) que hacen a la teoría irrefutable.

Falsacionismo estricto: Ver **falsacionismo metodológico ingenuo**.

Falsacionismo ingenuo: Ver **Falsacionismo metodológico ingenuo**.

Falsacionismo metodológico ingenuo (Imre Lakatos): Según este autor, el FMI es una posición atribuible al **Popper** previo a los años ´50. El FMI rechaza los tres supuestos del **falsacionismo dogmático** (ver), adoptando una posición **convencionalista** acerca de los **enunciados básicos** (se los toma como verdaderos sin justificación, es una mera decisión metodológica) que ya no son considerados como una **base empírica** firme sino endeble, porque estos enunciados también pueden ser refutados derivando de ellos alguna **consecuencia observacional** con la imprescin-

dible ayuda de otro(s) enunciado(s) de la **teoría**. De aquí se sigue que no toda **contrastación** desfavorable implica la **refutación** de la teoría y que el **criterio de demarcación** ya no exige que los enunciados básicos sean verificables sino sólo aceptados por **consenso** y no de manera definitiva. El FMI dispone además de reglas metodológicas para poder **falsar** las **leyes probabilísticas** y otras para considerar **corroborada** a una cláusula *ceteris paribus* y, por consiguiente, puede establecer las condiciones de refutación de este tipo de teorías (con lo que satisfacen el criterio de demarcación del falsacionismo). Según Lakatos el FMI, aunque mucho más viable que el FD, tiene dos fallas: la primera es que sus reglas metodológicas autorizan procedimientos cuestionables y la segunda es no constituye una descripción fiel de la historia de la ciencia (ver también **falsacionismo sofisticado** y **falsacionismo dogmático**).

Falsacionismo moderado: Ver **falsacionismo sofisticado**.

Falsacionismo sofisticado (Imre Lakatos): El FS fue desarrollado por este autor pero él mismo reconoce que sus reglas fueron explicitadas primero por **Popper** en los años ´50. Para el FS la **contrastación** es al menos un triple enfrentamiento entre la **experiencia** y dos **teorías rivales** (mientras que el falsacionista ingenuo cree que basta con que haya una sola teoría enfrentada a la experiencia) y el valor de una **refutación** depende del éxito correlativo de una teoría rival. Además el FS reconoce que muchos **experimentos** valiosos resultan de la **confirmación** más que de la **falsación**. Para **Lakatos** no deben estudiarse las teorías aisladas sino en el contexto de las teorías semejantes que las preceden y suceden siendo cada una una versión corregida de la anterior. Llama **"programa de investigación científica"** (PIC) al conjunto de teorías que comparten **un núcleo firme** (**hipótesis fundamentales** que son declaradas **irrefutables** por decisión de la **comunidad científica**) y **"cinturón protector"** a las **hipótesis auxiliares** que se van modificando para ajustar las hipótesis fundamentales del PIC a los resultados experimentales. Cada modificación en el cinturón protector genera la siguiente teoría del PIC. El PIC incluye además de la sucesión de teorías, reglas para lidiar con las **contrastaciones** desfavorables y para aumentar el contenido empírico en las nuevas teorías a generar (**"heurística positiva"**).

Falsar (Karl Popper): Contrastar negativamente una **consecuencia observacional** de una **hipótesis**. F implica considerar falsa a la hipótesis cuya **contrastación** fue desfavorable, mediante una inferencia de forma *modus tollens*: p → q, no p, por lo tanto no q; es decir que, si q se puede derivar de p y si q es falsa, p también es falsa. Lo que ocurre de hecho en las **ciencias** es que las hipótesis no pueden falsarse aisladamente, sino que se necesitan varias y a veces muchísimas otras hipótesis para poder deducir una consecuencia observacional. Si llamamos H a la hipótesis que se quiere falsar, CO a la consecuencia observacional y HA al conjunto de las **hipótesis auxiliares** que permiten la **derivación** de CO, el esquema de la **inferencia** es el siguiente: 1) (H . HA) → CO ; 2) ¬ CO; 3) ¬ (H . HA); y esto último es equivalente a 4) ¬H ∨ ¬HA. Es decir

que la **conclusión** de una **falsación** en la que intervienen varias hipótesis es que al menos una de esas hipótesis es falsa y no necesariamente lo es la hipótesis que se quería falsar (ver también **holismo**).

Familia: Conjunto de **géneros** con características comunes y lazos ideales de consanguinidad, alianza y/o descendencia.

Fenomenalismo: Postura **gnoseológica** que plantea que los **enunciados elementales** o **cláusulas protocolarias** registran las **experiencias** inmediatas del **sujeto**. De este modo, sólo podemos acceder al **conocimiento** de la apariencia de las cosas (**fenómenos**) pero no a la **cosa en sí**.

Fenómeno: (Del griego *fainómenon* = lo que se muestra o aparece). Todo lo que aparece o se manifiesta a través de la **experiencia**. Forma externa de la **esencia** (ver F en **Kant**). A veces se lo define como todo **hecho** que puede ser observado.

Feyerabend, Paul Karl (1924-1994): Epistemólogo y físico austríaco, discípulo primero y crítico después, del **racionalismo crítico** de K. Popper. F denomina a su postura **"anarquismo epistemológico"** y sostiene que su único principio es el que afirma que, en relación con el **método científico**, "todo vale". Su método nos invita a hacer "proliferar **teorías**", fundamentalmente a aquellas que resultan incompatibles con las comúnmente aceptadas, en una **sociedad libre**, que estimule nuestra "libertad" y capacidad argumentativas para enfrentar con objeciones las teorías ya establecidas. Para F, no existen **enunciados observacionales**

libres de contenido ideológico, por lo que niega la **objetividad** de los **hechos** como presuntos criterios de evaluación de las teorías (**relativismo cultural**), considerando que las **observaciones** son tan teóricas –esto es, hipotéticas– como las teorías. En la elección de teorías, lo que cuentan son los **juicios** estéticos, juicios de gusto y los deseos **subjetivos** de los científicos. Considera que la **ciencia** no es un saber superior a, por ejemplo, la brujería, la astrología, el *voodoo*, la homeopatía, la **religión** o la **magia**. Se opone tanto a los **inductivistas** como a los **falsacionistas**. Entre sus obras principales encontramos a: *Explicación, reducción y empirismos* (1962) y *Contra el método* (1974).

Fijismo: Teoría creacionista, dominante en la **Edad Media** que considera que todos los animales y plantas que están sobre la Tierra fueron creados por Dios. El F plantea la creación independiente de cada una de las **especies**, su inmutabilidad y no innovación y una única y primera aparición espontánea de todas ellas en el espacio y el tiempo. Fue **refutada** posteriormente por **Lamarck** y **Darwin**, quienes plantearon que una especie se origina en otra preexistente, con similitudes morfológicas que reflejan una relación parental estrecha.

Filogenia: Ciencia que estudia la **genealogía** de las **especies**.

Filología: Disciplina que estudia al **lenguaje** a través de la **historia** y que se propone la búsqueda del **significado** original de un texto, es decir, en el contexto social y cultural en que éste se produjo. De la combinación de la F con otras disciplinas (**sociología, antropología, historia**) surgió la **hermenéutica**. Se diferencia de la **lingüística** en que ésta no se interesa por los textos, sino por la **lengua**.

Filosofía de la ciencia (1929 →): Rama de la **Filosofía** que analiza las cuestiones relativas a los objetos estudiados por la **ciencia**, la metodología de la ciencia, el **significado** de las **proposiciones** y la **validez** del **conocimiento científico**, los **problemas** éticos y políticos que plantea la aplicación de los conocimientos científicos y las relaciones de la ciencia con la **sociedad**. Las opiniones están divididas acerca de si el concepto se identifica o no con la **epistemología**, ya que autores como Gregorio **Klimovsky** plantean que la FDC tiene un campo de acción más restringido, vinculada al conocimiento científico en sí. Se llamó FDC a las **teorías** del **Círculo de Viena**, de Karl **Popper**, Imre **Lakatos**, Thomas **Kuhn**, Paul **Feyerabend**, entre muchos otros.

Filosofía de la ciencia natural (Carl Hempel, 1966): Obra fundamental de la corriente que adhiere al llamado **inductivismo en sentido amplio**. En ella, **Hempel** destaca la importancia del **apoyo inductivo** que los **datos** proporcionan a las **hipótesis** científicas, planteo que constituye la base del **confirmacionismo**.

Filósofos clásicos de la ciencia: Denominación con la que se suele hacer referencia a epistemólogos como **Carnap, Hempel, Nagel** y **Popper.** Entre los planteos centrales de los FCC se destaca la afirmación de que la **ciencia** busca explicar al mundo a través de **leyes generales**, y esto a través de un único **método cien-**

tífico, con las **ciencias naturales** como **modelo.**

Finalismo: Teleología. Doctrina que sostiene que la naturaleza posee una finalidad. Opuesto: **mecanicismo.**

Fisicalismo (siglo XIX): Doctrina causalista y **materialista** que explica la totalidad de los **fenómenos** según la descripción de los objetos físicos, con **modelos** extraídos de la física. Para el F, la vida es producto de la combinación física que se expresa en niveles cada vez más desarrollados de partículas materiales. El F –defendido entre otros por **neopositivistas** como O. Neurath y R. **Carnap**- afirma que no se puede hacer **ciencia** a partir de los sentimientos porque a éstos no es posible observarlos.

Formalización: Reemplazo de **términos** y **enunciados** pertenecientes a una **teoría** científica o a un **razonamiento,** por **fórmulas** y **signos** que sólo expresan la **estructura** de la **proposición** o aquellos aspectos puramente estructurales y **sintácticos,** desprovistos de contenidos o **significados.** Un conjunto de fórmulas de un **lenguaje artificial** que representan proposiciones del **lenguaje natural** es la F de estas proposiciones. Un **sistema axiomático** está formalizado si su lenguaje es artificial.

Función ceremonial: Función del lenguaje que es una combinación de las **funciones expresiva** y **directiva,** ya que manifiesta sentimientos o actitudes con el fin de influir en los demás. Ejemplo: "Los bendigo en el nombre del padre..."

Función declarativa: Ver **función informativa.**

Función descriptiva: Ver **función informativa.**

Función directiva: Según Wittgenstein, una de las tres **funciones del lenguaje,** usada para provocar o impedir una conducta o acción. Son casos de FD las órdenes, los pedidos y las preguntas no **retóricas.** No puede determinarse su **verdad** o falsedad. Ejemplo: "Le ordeno que se siente". También conocida como **función prescriptiva.**

Función ejecutiva: Función del lenguaje por la cual, al ser pronunciadas ciertas palabras -"verbos realizativos"- en un contexto, se concreta la acción descripta por las palabras (expresadas con un verbo en primera persona del modo indicativo). Ejemplo: cuando el funcionario del registro civil dice "Los declaro marido y mujer". También llamada **función operativa.**

Función expresiva: Según Wittgenstein, una de las tres **funciones del lenguaje,** cuyo propósito es comunicar, no conocimientos, sino sentimientos y actitudes. No puede determinarse su **verdad** o falsedad. Expresa planteos **subjetivos,** como estados de ánimo, valores, etc. Ejemplo: "¡Bravo!"

Función informativa: Según Wittgenstein, una de las tres **funciones del lenguaje,** usada para describir el mundo y razonar acerca de él. Sólo de la FI puede establecerse su **verdad** o falsedad. Es el **lenguaje de la ciencia.** Por ejemplo, "La Plata es la capital de la Provincia de Buenos Aires". También llamada **función descrip-**

tiva, referencial o **declarativa**.

Función operativa: Ver **función ejecutiva**.

Función prescriptiva: Ver **función directiva**.

Función proposicional: Se llama FP a toda formulación **lingüística** en la que el **individuo** del que se predica una propiedad F está indeterminado (Fx). Así, es FP toda expresión que contiene uno o más constituyentes indeterminados (x, y, ...) tal que, si fijamos un **significado** a estos constituyentes, el resultado será una **proposición**, de la cual podremos decir que es verdadera o falsa. Por ejemplo: "x es un país americano" es una FP. Si sustituimos "x" por "Ecuador", el resultado será una proposición, verdadera en este caso. Si sustituimos "x" por "Dinamarca", el resultado será una proposición falsa.

Función referencial: Ver **función informativa**.

Funciones del lenguaje: Cada uno de los usos del **lenguaje**. Las tres principales son la **función informativa**, la **función directiva** y la **función expresiva** (ver las entradas correspondientes). Una **oración** se usa expresivamente si lo que se pretende es expresar sentimientos y su **significado** no es ni verdadero ni falso. El ejemplo paradigmático de esta FL es la poesía. Una oración es directiva cuando su propósito es el de originar o impedir una acción y su significado tampoco es verdadero ni falso. Por ejemplo, cuando damos una orden, o pedimos por favor que nos pasen la ensalada. Por último, la oración o el **discurso** cuya función es

informativa dice algo acerca del mundo y por tanto, expresa una **proposición** que puede ser verdadera o falsa o bien expresa un razonamiento cuyas proposiciones pueden ser verdaderas o falsas. Tal es el caso de los enunciados de la **ciencia** y las **teorías**. Irving Copi señala que en el uso cotidiano del lenguaje lo más frecuente es que se superpongan varias funciones. Por ejemplo, si alguien dice "Me duele la muela", está expresando su dolor del mismo modo que cuando dice "¡Ay!" pero además puede interpretarse su oración como informativa: nos está informando que le sucede algo y en principio podría estar mintiendo (puede ser falsa tal proposición). En el análisis de las FL se destacan L. **Wittgenstein** y -en la **teoría de la comunicación**- K. **Bühler** y R. **Jakobson**.

G

Galileo Galilei (1564-1642): Astrónomo, físico y matemático italiano, uno de los científicos pioneros de la **ciencia moderna**. Sus investigaciones y observaciones fueron el precedente del **método experimental**. Defensor de la **teoría heliocéntrica**, refutó la **teoría geocéntrica** -dominante por siglos- y la **teoría** aristotélica del movimiento, según la cual para que un cuerpo se mueva, debe aplicarse una fuerza. Esta idea fue reemplazada por la de "inercia", que afirma que un cuerpo tiende a mantenerse en reposo o en movimiento rectilíneo uniforme, a menos que se le aplique una fuerza. Aportó conocimientos acerca del péndulo, la caída de los cuerpos, entre otros. Fue procesado por la **Inquisición** (1633) por defender la teoría de **Copérnico** y obligado a retractarse de sus cuestionamientos a la versión bíblica del universo. Entre sus obras principales encontramos a: *Discursos sobre dos nuevas ciencias* (1638).

Generalización accidental (Carl Hempel): Enunciado que generaliza a partir de ciertos casos comprobados de un **fenómeno**, planteando una **regularidad**. **Hempel** sostiene que las **predicciones** de las GA no son de interés para la ciencia, ya que su *explanandum* no habla de **hechos** desconocidos sino de casos ya examinados. Justamente, las GA fracasan en la **predicción** de casos desconocidos. Por ejemplo, partir de que "Todos los empleados del Estado trabajan mal" no me habilita a predecir que "el próximo empleado que entre a trabajar en el Estado trabajará mal". También llamada **generalización existencial**.

Generalización empírica: Adjudicación de una característica a todo un conjunto de **fenómenos** a partir de la **observación** de una **regularidad** en un número limitado de los mismos. Se trata de un **afirmación** del llamado **nivel 2**, que refiere a todo un grupo. Ejemplo: "Los gatos cazan ratones". Las hay universales (una propiedad común a todo un grupo de elementos), existenciales (sólo para un grupo) o estadísticas (que se dan con cierta frecuencia o probabilidad). (Ver también **generalización inductiva** e **inducción**).

Generalización estadística: Enunciado universal que adjudica determinado grado de **probabilidad** a que ciertas características estén presentes en una **población** infinita –o finita, pero inaccesible-. Por ejemplo: "El 40% de las empanadas que se producen en la **Argentina** son de carne" (cuyo fundamento es una muestra, quizás muy grande y quizás representativa, pero finita de registros de algunos comercios argentinos).

Generalización existencial: Derivación de la **fórmula** existencial a partir de la instanciación correspondiente. Por ejemplo: "Ex Px" a partir de "Pa". O "Existen hombres rubios" a partir de "este hombre es rubio" (ver también **generalización universal**).

Generalización inductiva: **Inferencia** realizada a partir de la **observación** de casos particulares en los que se repite una relación entre **variables**, casos que se toman como **premisas** para obtener una **conclusión** general, que establece una **regularidad** que se aplica a infinitos casos. La GI es rechazada por varios autores, entre ellos K. **Popper**. Por ejemplo: "Los dos perros que tuve se escaparon, todos los perros se escapan de mí" o "Los 9.000.000.000 de cuervos que revisamos eran negros sin excepción, por lo tanto, todos los cuervos son negros". (Ver también **generalización empírica** e **inducción**).

Generalización universal: Derivación de la **fórmula** universal a partir de la instanciación correspondiente que representa un caso arbitrario. Por ejemplo: "(x) Px" a partir de "Pa", tal que a es un caso arbitrario. O "La suma de los dos ángulos agudos de un triángulo rectángulo suman 90ć" a partir de "La suma de los dos ángulos agudos del triángulo ABC rectángulo suman 90ć", siempre que se haya mostrado eso a partir de propiedades del triángulo ABC que sean propiedades comunes a todos los triángulos (ver también **generalización existencial**).

Género: Mínimo grupo de **especies** que reúnen características comunes. Por ejemplo: *homo* es el G de las especies *homo sapiens, homo erectus y homo hàbilis* (éstas últimas extintas).

Gnoseología: (Del griego *gnosis* = **conocimiento**). **Teoría del conocimiento**, disciplina filosófica dedicada a dilucidar lo que el **conocimiento** es propiamente en cuanto relación peculiar de un **sujeto** con un **objeto**. Se ocupa de qué es el conocimiento, pero no exclusivamente del **conocimiento científico**, como es el caso de la **epistemología**.

Grado de confirmación: El GC es la medida en que una **hipótesis** está confirmada, es decir, cuánto **apoyo inductivo** "recibe" de la **experiencia**, o más propiamente, de los **enunciados** que describen la experiencia y que tomamos por verdaderos. Establecer el GC es parte de la tarea de una **teoría** de la **confirmación**. Por lo general se usan valores probabilísticos de 0 (cero) a 1 (uno). Una hipótesis cuyo GC sea 1 está verificada y si su GC es 0 está refutada.

Grado de probabilidad: La **probabilidad** es una función que vincula números reales del 0 (cero) al 1 (uno) con **proposiciones** en el siguiente sentido: dada una **inferencia** o **razonamiento inductivo** decimos que la **verdad** de la **conclusión** tiene cierta probabilidad o GP (por ejemplo: 0,9) respecto de la verdad de las **premisas**. Es decir que el GP se asigna al **razona**miento entero y no a la conclusión. La conclusión es verdadera o falsa (aunque no sepamos que es verdadera o que es falsa, suponemos siempre que tiene alguno de los dos **valores de verdad**), lo que es más o menos probable es que la conclusión sea verdadera dadas las premisas. La misma conclusión puede ser completamente improbable frente a premisas diferentes.

H

Habilidad: Tipo de **conocimiento** consistente en una destreza, como saber escribir, andar en bicicleta, etc. Opuesto: **conocimiento proposicional**.

Hecho: Todo lo que ocurre, pueda o no observarse (lo que lo diferencia del **fenómeno**).

Hempel, Carl Gustav (1905-1997): Filósofo de la **ciencia** de origen alemán y residente en los **EE.UU.** Estudió matemática, **lógica** y física, y participó en la fundación del **Círculo de Viena** que dio origen al **positivismo lógico**, donde recibió la influencia de R. **Carnap**. Por su énfasis en la **explicación** científica y el concepto de **probabilidad**, a H se lo considera uno de los más importantes representantes del **confirmacionismo**, reformulación crítica del llamado **inductivismo ingenuo**. Entre sus obras principales encontramos a: *Filosofía de la ciencia natural* (1966).

Heterogénesis: Ver **teoría de la generación espontánea**.

Heurística: (Del griego *heurískein* = buscar, indagar y de *heurisco* = encontrar, inventar). Arte de resolver problemas, promover la **investigación**, el descubrimiento y la inventiva con el fin de llegar al **conocimiento**. Se lo llama también *ars inveniendi*.

Heurística negativa (Imre Lakatos): Lakatos denomina HN a aquello que *no se debe* hacer en un **programa de investigación científica: refutar** las **hipótesis fundamentales** que constituyen el **núcleo** del programa.

Heurística positiva (Imre Lakatos): Conjunto de reglas que indican qué hacer para ajustar el **núcleo firme** de un **programa de investigación científica** a los resultados experimentales, mediante modificaciones de otras **hipótesis** con el fin de que no sea refutado el núcleo, aplicando el *modus tollens*. Para ello, utilizará un **"cinturón protector"** formado por **hipótesis auxiliares**, que será puesto a **prueba** una y otra vez, y podrá ser refutado y reformulado todas las veces que sea necesario, con el procedimiento del *modus tollens*: el cinturón será p y las puestas a prueba, las **observaciones**, serán q. La nueva hipótesis debe ser tal que prediga el resultado que antes era una **anomalía** y por lo tanto se verá corroborada por ese **experimento**. Además -y esta es su función más importante- la HP indica cómo modificar y enriquecer el **núcleo central** de una **teoría** sin refutarlo, es decir, cómo dirigir la investigación para descubrir nuevos hechos y así aumentar su **contenido empírico**.

Hiperempirismo: Ver **empirismo abstracto**.

Hiperfactualismo: Ver **empirismo abstracto**.

Hipóstasis: Lo considerado verdadero, la verdadera realidad.

Hipótesis: (Del griego *hypothesis* = principio, supuesto). **Enunciado** que se propone como base para explicar por qué o cómo se produce un **fenómeno**. Parte de la **estructura** de una **teoría** científica, denominada convencionalmente como de "**nivel 3**". Las H o **leyes teóricas** son **enunciados generales** –como los del "**nivel 2**"- pero contienen al menos un término teórico. **Proposición** de la que no se conoce con certeza su **valor de verdad; afirmación** provisoria sujeta a **verificación** o **confirmación** a través de la **contrastación** de sus **consecuencias observacionales** o **empíricas**. Si la H queda confirmada, es **ley**, que es una H confirmada que capta una **regularidad. Tesis** o suposición que describe determinado tipo de relación causal entre dos o más **variables** y que se acepta provisoriamente. Solución tentativa para **problemas** del **conocimiento:** por lo tanto no es aún una solución, sino que puede llegar a serlo. La función de la H es orientar nuestra búsqueda de orden en los **hechos**.

Hipótesis *ad hoc*: **Hipótesis auxiliar** que está en condiciones de ser contrastada, y cuya función es salvar a una **hipótesis fundamental** en riesgo de ser **refutada**. Cuando un **experimento** falla y se argumenta que el problema está en el diseño de la experimentación y no en la **hipótesis**, a esta explicación la llamamos HAH, porque es un intento de sostener la hipótesis inicial condenando al **experimen-**

to. Es un tipo de hipótesis que no tiene apoyo teórico ni **empírico** independiente, lo que implica que no se deduce de ninguna **teoría** aceptada ni ha sido demostrada con observaciones favorables. Por ejemplo, la **observación** de la trayectoria de un planeta era diferente de la prevista por la física newtoniana, a pesar de lo cual había resistencias para abandonar la teoría de **Newton**, así que se supuso que había otro planeta, aunque nadie lo había visto nunca ni tenía otros indicios de su existencia, porque se podía dar cuenta de esta trayectoria sin modificar las hipótesis newtoneanas.

Hipótesis auxiliar: Hipótesis proveniente de teorías previamente enunciadas o de la misma **teoría** a la que pertenece otra hipótesis que se desea contrastar. Las HA auxilian a la **contrastación** porque permiten que se extraigan **consecuencias observacionales.** Por ejemplo, un conjunto de hipótesis de **Newton** predice cierto comportamiento estelar pero cualquier observación de las estrellas se hace con un telescopio por lo que se van a necesitar HA que permitan determinar con gran precisión la relación entre lo que ocurre con las estrellas reales y lo que vemos en el telescopio (hipótesis sobre cómo es el telescopio y una teoría óptica).

Hipótesis causal: Tipo de **hipótesis** que cumple cuatro condiciones: la relación entre los **fenómenos** señalados es invariable y uniforme, los fenómenos deben estar espacialmente en la misma región, la **causa** es previa temporalmente al **efecto** y, la causa produce al efecto y no puede ocurrir al revés. Esto significa que el efecto no debe poder convertirse a su vez en

causa. Por ejemplo: la hipótesis física "El calor causa la dilatación de los metales".

Hipótesis derivada: Proposición o **conjetura** que –dentro de una **teoría**- se deduce de otra de mayor nivel de generalidad, llamada **hipótesis fundamental.** Por ejemplo; "El cobre se dilata con el calor" es una HD de "los metales se dilatan con el calor".

Hipótesis empírica: Hipótesis que contiene **términos observacionales.** Hipótesis de la que se pueden derivar **consecuencias observacionales.** Por ejemplo: la **ley** física que dice que el período del péndulo es igual a 2 pi por la raíz cuadrada de la longitud sobre la aceleración de la gravedad. Opuesto: **hipótesis teórica.**

Hipótesis estadística: Tipo de **hipótesis** que sostiene que determinado **fenómeno** ocurre con determinado grado de **probabilidad.** Por ejemplo: "Los niños argentinos menores de trece años van a la escuela en el 65% de los casos."

Hipótesis funcional: Tipo de **hipótesis** que sostiene que existe una relación de dependencia funcional entre dos **procesos** determinados. Por ejemplo: "Para iniciar el Windows la computadora debe estar prendida" o "Una mujer sólo puede quedar embarazada después de su primera ovulación."

Hipótesis fundamental: Proposición o **conjetura** que –dentro de una **teoría**- no se deduce de ninguna otra, y de la cual se deducen otra hipótesis de menor nivel, las **hipótesis derivadas,** que tienen un alcance y una generalidad menor que las HF. Por ejemplo, las **leyes** de la termodinámica.

Hipótesis general: **Hipótesis** que habla de un conjunto indeterminado (posiblemente infinito) de **individuos, procesos o hechos**. Una **proposición** que tiene al menos un **cuantificador universal** como "todos" o "ningún". Por ejemplo, la hipótesis de Redi y Pasteur de que todos los seres vivos nacen a partir de otros seres vivos.

Hipótesis genética: Tipo de **hipótesis** que establece una relación entre dos momentos de un **proceso** de forma que el primer momento es causa en un sentido fuerte (**determinista**) o débil del segundo. Por ejemplo: "Va a haber una **revolución** si someten a la **clase trabajadora** a una vida de **esclavitud**."

Hipótesis mixta: Proposición o **conjetura** que contiene **términos lógicos, teóricos** y **observacionales** y que se ubica en medio de las **hipótesis fundamentales** y las **consecuencias observacionales**, a modo de **enunciado** puente o **regla de correspondencia**. Por ejemplo, una **ley** de la medicina que vincula los síntomas con una enfermedad determinada que se define en términos de la biología molecular.

Hipótesis operacional: Ver **definición operacional**.

Hipótesis preliminar: Cualquier **hipótesis** propuesta, antes de que alguna de sus **consecuencias observacionales** sea sometida a **contrastación**. Por ejemplo, la hipótesis de Redi de que no hay generación espontánea que es previa al correspondiente **experimento** que fue diseñado para confirmarla.

Hipótesis rival: Hipótesis que se propone como respuesta alternativa frente a un **problema** científico, la cual entra en competencia con otra hipótesis, proponiendo una solución diferente. La definición de cuál de las dos HR es superior se realiza a través de una **contrastación crucial**. Por ejemplo, las **teorías** de **Einstein** y de **Newton** son rivales.

Hipótesis singular: Hipótesis que habla de casos particulares. Por ejemplo, la hipótesis de Le Verrier sobre la existencia de un planeta desconocido que causaba perturbaciones a Urano.

Hipótesis suicida: Ver **predicción suicida**.

Hipótesis teleológica: Tipo de **hipótesis** donde la **explicación** de un **fenómeno** se hace teniendo en cuenta un fin u objetivo. Son frecuentes en **ciencias sociales** y económicas porque su **objeto** de estudio sólo puede explicarse en relación con las intenciones u objetivos de los **actores sociales**. Por ejemplo: "Cuando el **sistema** bancario entra en crisis los clientes retiran sus ahorros de los **bancos** para evitar perderlos en el caso de que quiebren." En biología son frecuentes las afirmaciones de apariencia **teleológica** pero desde que hay un consenso en favor de la **teoría** de **Darwin**, este modo de hablar es una abreviación de hipótesis de la teoría de la **supervivencia del más apto**. Por ejemplo: "Las ballenas tienen mucha grasa para protegerse del frío que hace en los lugares donde viven" es una abreviación de "en esos lugares hace tanto frío que cualquier mamífero semejante que haya surgido que no tuviera una protección térmica suficiente murió de frío y por tanto no pudo tener descendencia".

Hipótesis teórica: Hipótesis que contiene **términos teóricos**. Opuesto: **hipótesis empírica**. Por ejemplo, la hipótesis de **Freud** "En el **inconsciente** no rige el **principio de no contradicción.**"

Hipotético deductivo: Ver **método hipotético deductivo.**

Historia externa (Imre Lakatos): Conjunto de elementos **empíricos**, que no corresponden a la **ciencia** misma, tales como **ideologías, prejuicios**, factores culturales, económicos, sociales, etc. Equivale al **contexto de descubrimiento** planteado por el **neopositivismo**.

Historia interna (Imre Lakatos): Reconstrucción racional de la **historia**. Equivale al **contexto de justificación** planteado por el **neopositivismo**.

Holismo: También llamado H de la **confirmación**, se trata de una posición que sostiene la imposibilidad de dar **apoyo inductivo** o de **refutar** una **hipótesis** aislada. Un **dato experimental** confirma, corrobora o refuta conjuntos de hipótesis y nunca a una hipótesis aislada, desde un punto de vista **lógico**.

Homeostasis (Norbert Wiener): Capacidad de mantener determinadas **variables** fisiológicas en un nivel relativamente constante. La **retroalimentación** negativa opera como mecanismo estabilizador neutralizando los posibles efectos nocivos (**entropía**) que el **entorno** puede provocar en un **sistema**, llevando al mismo a la autorregulación. Por ejemplo, las aves y mamíferos mantienen su temperatura corporal constante a un nivel superior a la del ambiente. Debido a esto, el cuerpo del organismo tiende a ceder calor al medio disminuyendo su temperatura. Sin embargo, toda caída de temperatura por debajo del nivel fisiológico activa al hipotálamo al aumentar la tasa metabólica, subiendo la temperatura. Por otra parte, un aumento de temperatura activa mecanismos (como la transpiración) que reducen la temperatura corporal. A través de la **teoría general de sistemas**, el concepto se hizo extensivo a otras disciplinas (por ejemplo, la **"mano invisible"** de A. **Smith** o los sistemas sociales en equilibrio del **funcionalismo** son ejemplos de H en las **Ciencias Sociales**).

Hume, David (1711-1776): Filósofo, historiador y psicólogo británico, figura clave del **empirismo**. Sostuvo que el hombre al nacer es como una página en blanco o **tabla rasa** que la **experiencia** va llenando. Las **ideas** surgen a partir de los sentidos y de las percepciones psicológicas. Las impresiones son las percepciones que se reciben directamente; pueden ser de sensación (sonidos, colores, etc.) o de reflexión (placer, dolor, tristeza, etc) mientras que las ideas son percepciones derivadas, copias de las impresiones (por ejemplo, los hechos de la fantasía o la memoria). Las ideas derivan de las impresiones y no representan a los **objetos** sino a éstas: no vemos ni tocamos a la silla en sí misma sino a sus cualidades sensibles (forma, dureza, color, etc), las cuales pueden ir variando. La silla es una colección constante de ideas simples, como "liso", "duro", "marrón", conjunto al que llamamos "silla", planteo que posteriormente fue la base del **asociacionismo** en **Psicología**. En este sentido, H estableció tres **leyes de asociación: ley de semejanza, ley de contigüidad** y **ley de causa-efecto.** Quizás su mayor aporte fue el análisis impecable que hizo de la causalidad y del **problema de la inducción.** Entre sus obras principales encontramos a: *Tratado sobre la naturaleza humana* (1739).

Husserl, Edmund (1859-1938): Filósofo y matemático alemán, fundador de la **fenomenología** y crítico del **empirismo**, el psicologismo y el relativismo. El psicologismo pretendía garantizar la validez de todas las **ciencias** a partir de una disciplina general: la **Psicología.** Así, explicaba las leyes lógicas y los **teoremas** matemáticos a partir de las respectivas operaciones mentales de los hombres. El **principio de no contradicción,** por ejemplo, tendría su fundamento en la enorme dificultad que tienen las personas para creer que p y que no p pueden existir al mismo tiempo. H contra-argumentó: la **ley lógica** dice que es absolutamente imposible que una **proposición** sea falsa y verdadera a la vez y la respectiva ley psicológica no puede ser el fundamento de semejante imposibilidad cuando ella misma se funda en una **inducción** a partir de un número finito de casos, mientras que la ley de no contradicción se refiere a un número infinito de casos. La inducción necesitaba una justificación que no fuera otro **razonamiento inductivo** (ver **problema de la inducción**). El error del psicologismo fue tomar a los teoremas matemáticos y lógicos por entes naturales cuando son en realidad intemporales y su justificación es *a priori* (la geometría no estudia éste o aquel triángulo que podemos dibujar sino un único triángulo ideal con propiedades no sujetas al cambio). H también criticó al **cartesianismo,** cuyo ideal eran las matemáticas y en especial su **método deductivo,** porque también las **ciencias formales** tendrían supuestos no justificados (el cartesianismo tendría pretensiones de justificación absoluta, ver **fenomenología**). Planteó por otra parte que lo que distingue a la **conciencia** es la intencionalidad y la capacidad humana de significar y dotar de **sentido** a las cosas. Entre sus obras principales encontramos a: *Ideas para una fenomenología pura y una filosofía fenomenológica* (1913).

I

I-D: Ver **Investigación y Desarrollo.**

I & D: Abreviatura de **Investigación y Desarrollo.**

Idealismo: 1. Se ha llamado I a una **doctrina** que afirma que la realidad no es el espacio temporal sino que es eterna e inmutable (como las **Ideas** de **Platón**) y que lo que creemos que existe como entes materiales son meras ilusiones sin realidad. En este sentido, I es sinónimo de **realismo.** Opuesto: **nominalismo. 2.** En un sentido **ético** o político se llama idealista a quien actúa guiado por ideales. **3.** Éste es el sentido más frecuente de I, que refiere históricamente a la postura filosófica defendida entre otros por **Descartes, Berkeley** y **Hume** (I moderno), **Kant, Fichte, Schelling** y **Hegel**. Se caracteriza por un horror a los compromisos **ontológicos**, es decir, por una oposición a postular realidades que no fueran el **fenómeno** ante una conciencia, (el *cogito* para Descartes, la **razón pura** para Kant, etc.) ya que para esta concepción, el punto de partida del **conocimiento** es el **yo**, que es el **sujeto** que conoce el **objeto**. En el **sistema** idealista de Kant el "mundo" es la representación que la **conciencia** tiene del **fenómeno** "mundo". Para el I, el conocimiento es posible gracias a determinadas categorías **lógicas** (espacio, tiempo, causalidad), que son innatas en el sujeto humano. No existe nada fuera del sujeto que no pueda ser pensado. Así, Hegel pensaba que los objetos son una proyección de ideas que ya existían incluso antes de que el mundo material existiese. Opuesto: **materialismo**.

Ideográfico: Singular, particular. Opuesto: **nomotético**.

Implicación contrastadora (Carl Hempel): **Consecuencia observacional** de una **hipótesis** que sirve para poner a **prueba** a ésta. Por ejemplo, en el **experimento** en el que Redi puso a prueba la **teoría de la generación espontánea**, se daba el siguiente esquema: si la generación de gusanos es espontánea (A), entonces si se coloca un trozo de carne en un recipiente y luego se lo tapa (B), entonces aparecerán gusanos (C). Redi comprobó que la IC "(B) entonces (C)" era falsa: en la carne del frasco tapado no había gusanos, lo que refutaba a la teoría de la generación espontánea. De todas formas, la **verdad** de una IC no prueba (deductivamente) la verdad de la hipótesis de la cual esa implicación surgió. Es por ello que **Hempel** –partidario del **confirmacionismo**- apela a la **inducción**, ya que a mayor cantidad y variedad de IC favorables –y sin que haya ni una sola contraria- la hipótesis se verá confirmada, al recibir **apoyo inductivo**.

Implicación lógica: Un **enunciado** implica lógicamente otro, cuando lo que afirma el segundo está afirmado en el primero, de manera que es absolutamente imposible que el primero sea verdadero y el segundo falso. Ver **Implicación**.

Implicado: Ver **consecuente**.

Implicante: Ver **antecedente**.

Imposibilidad: Condición de aquello que no puede ser o suceder. Se opone tanto a la **posibilidad** como a la **necesidad**.

Improbabilidad: Condición de aquello que se cree que no puede ser o suceder. Opuesto: **probabilidad**.

Inclusión: Relación entre dos clases tal que A está incluida en B si y sólo si todos los miembros de A son miembros de B.

Inconmensurabilidad de los paradigmas (Thomas Kuhn): Tesis que **Kuhn** sostiene en *La estructura de las revoluciones científicas* acerca de la imposibilidad de comparar **paradigmas rivales**, dado que éstos tienen modos de ver, hacer y comprender incompatibles. Cada paradigma tiene sus propias reglas que determinan cuáles son lo **enigmas** de los que debe ocuparse la **ciencia**, criterios para preferir una **teoría**, compromisos metodológicos que se deben adoptar, otros que no se deben adoptar, etc. Cualquier discusión entre dos partidarios de paradigmas rivales será de nunca acabar porque cada uno defenderá su propio paradigma estableciendo criterios como argumentos que son diferentes a los criterios y reglas que su rival está dispuesto a aceptar, de modo que ambos estarían argumentando de manera **circular** sin que haya un punto de acuerdo. Es decir que la comparación no es posible porque "la vara con la que se mida" será de uno de los dos paradigmas (de aquel que salga favorecido por la comparación). Puede explicarse la IP en términos del **holismo semántico**: es imposible encontrar en un **lenguaje** una descripción adecuada para traducir un **concepto** o categoría de otro **lenguaje**, porque el **significado** de los **términos** está determinado por su papel en el sistema total y si los sistemas son distintos, los términos serán distintos. Posteriormente, Kuhn moderó su posición y aceptó la posibilidad de que un paradigma pueda "traducir" los términos y categorías provenientes de otro paradigma.

Inconmensurable: Incomparable, que no se puede medir. Término utilizado por Thomas **Kuhn** para describir la imposibilidad de comparar entre sí **paradigmas** científicos distintos.

Indicadores de conclusión: Ver **expresiones derivativas**.

Indicadores de premisas: Ver **expresiones derivativas**.

Inducción: **Método** de **razonamiento** deductivamente inválido por el que, partiendo de **hechos, observaciones** o **experiencias** particulares, se pueden descubrir y formular **enunciados** o **leyes generales**. Se dice que va de lo particular a lo general equivocadamente porque hay I de lo general a lo particular (por ejemplo: "todas las pelotitas que saqué de la bolsa eran negras, así que la próxima que saque será negra"). En la I, la **verdad** de las **premisas** no garantiza la verdad de la **conclusión**, sino que sólo existe cierto grado de **probabilidad** si se acepta que pueden asignarse estas medidas (**Popper** no lo aceptaba, decía que toda I tiene grado cero porque la **teoría** probabilística pura lo indica, ya que deben dividirse los casos conocidos por los infinitos casos desconocidos). Ante el **problema de la inducción**, hay posturas **inductivistas** (**Carnap**) y anti-inductivistas (**Popper**). Para éste, no debe decirse que la **ciencia** se basa en la I: se basa en la **abducción**, seguida de **deducción** (contrastadora).

Inducción completa: Llamado también **inducción** fuerte o matemática, es un **razonamiento deductivo** (de modo que no es inductivo, aunque el nombre parezca indicar lo contrario), que se usa para definir propiedades **universales** de los números y cuya **regla de inferencia** fundamental es el quinto **axioma de Peano**. Este **axioma** autoriza una estrategia de demostración en virtud de una **verdad** constituyente de la naturaleza de los números tal que en un número finito de pasos puede probarse que los infinitos números tienen alguna propiedad. Por ejemplo la propiedad de los números naturales de que, si se suman $1 + 2 + 3 + 4... + n$ (n es un número cualquiera donde se decida cortar la sucesión), el resultado de la suma es igual a n (n + 1) dividido 2. También se usa la IC para demostrar propiedades de los **sistemas axiomáticos**. En ambos casos se llama *metateorema* a la conclusión de una IC. También se llama IC a un **razonamiento** cuyas **premisas** enumeran todos los miembros de la clase a la que se refiere la **conclusión** Por ejemplo, tomamos como premisas que "Pulgar, índice, mayor, anular y meñique son dedos de la mano y tienen uñas" y sacamos como conclusión que "Todos los dedos tienen uñas." Lo que hay aquí es una premisa oculta: la que señala que pulgar, índice, mayor, anular, meñique -en total cinco dedos- son todos los dedos. Una vez explicitada la **inferencia** se llega a la conclusión: todos los dedos de la mano tienen uñas. Es, por lo tanto, un **razonamiento deductivo**, ya que sería contradictorio afirmar las premisas y negar la conclusión.

Inducción enumerativa: Generalización empírica que se induce a partir de la repetición de **experiencias** que permiten afirmar que estamos en presencia de una **regularidad**. Por ejemplo: "El sobre 1 es rectangular, el sobre 2 es rectangular…, el sobre 1.083 es rectangular (los 1.083 sobres examinados son rectangulares sin excepción), por lo tanto, todos los sobres son rectangulares."

Inducción fuerte: inducción completa.

Inducción matemática: inducción completa.

Inductivismo (1620 →): Hay dos sentidos distintos con los que se usa esta expresión y ambos son muy frecuentes. **1. (I estrecho)** Según el primer sentido el I es la **tesis** que dice que la **lógica** inductiva es la lógica que rige la práctica científica tanto en el **contexto de descubrimiento** como en el **contexto de justificación**. Esta tesis es históricamente antigua y hoy en día nadie la defiende. **2. (I amplio)** En otro sentido el I es la tesis de que la lógica inductiva es la lógica que rige la **justificación** de las **hipótesis** científicas, pero no suministra un **método** de descubrimiento universal. **1. I estrecho:** Corriente **epistemológica** que planteó que hay un método mecánico para extraer o enunciar una regla general o **ley** luego de que se han realizado una gran cantidad de observaciones. Por ejemplo: "Un cisne es blanco, dos cisnes son blancos, diez cisnes son blancos, cuatrocientos cisnes son blancos. **Conclusión:** Todos los cisnes son blancos". El I fue resumido con claridad por John Stuart **Mill** en su obra *Sistema de lógica deductiva e inductiva* (1843) y sigue siendo la idea que el hombre no instruido actualmente tiene de la **ciencia**. Este tipo de **razonamiento** se caracteriza por lo siguiente: a) la **conclusión** no se deriva deductivamente de las **premisas**, b) se efectúa un "salto lógico" o "**salto inductivo**" que va de casos particulares a una conclusión general (aunque puede ser también una conclusión particular pero sobre un caso no contemplado en las premisas) y, c) ya que este "salto inductivo" no es válido desde el punto de vista lógico puede suceder que las premisas sean verdaderas y la conclusión, sin embargo, falsa. En síntesis, la **ciencia** y el **conocimiento** comienzan con la **observación** que, además, es neutral. Fue Francis **Bacon** en el siglo XVII el primero que dijo que la ciencia proviene de la **experiencia**, la observación sistemática de la naturaleza y la acumulación de **datos**, con el fin de detectar las regularidades y ordenar la reiteración de **fenómenos**. La secuencia del I es: **hechos** o datos registrados inicialmente-**inducción-experimento**-observación-**regularidad**-ley-**deducción**-**contrastación**-nuevos hechos o datos. Con variantes, el I fue visualizado como el método característico de todo **conocimiento científico** (opuesto a la especulación vacía de la **Edad Media**) por **Newton** –cuya física es el máximo **símbolo** del I-, **Copérnico, Kepler** y Harvey. La primera objeción importante al I provino del llamado **"problema de Hume"**, quien planteó que ninguna cantidad (que necesariamente es finita) de **enunciados observacionales** particulares es suficiente para extraer lógicamente de ellos un **enunciado general** o ley, en particular porque no hay ninguna seguridad de que el pasado se repita en el futuro. La crítica más fuerte se produjo a comienzos del siglo XX, bajo la influencia de autores como Henri Poincaré y Pierre Duhem y, sobre todo, por la toma de distancia que experimentó el **Círculo de Viena**. La ruptura con el I surgió a partir del llamado **"problema de la I"**, la crítica parcial del **I amplio** o **confirmacionismo**, de R. **Carnap** y C. **Hempel** y –fundamentalmente- del surgimiento del **método hipotético deductivo** de **explicación** científica. **2. I amplio** o **confirmacionismo**: en el siglo XX el I estrecho fue duramente criticado, entre otros por Hempel quien le dio este nombre peyorativo. Los nuevos inductivistas plantearon que no puede realizarse ninguna **investigación** científica sin hipótesis, porque las hipótesis guían a la investigación, son su punto de partida, porque indican qué datos son relevantes para resolver un **problema.**

Argumentaron que acaso haya científicos que crean que investigan sin prejuicios, pero inconscientemente los tienen y por eso prestan atención a ciertos hechos y no a otros. Los nuevos inductivistas afirmaron que la lógica inductiva gobierna la racionalidad científica, pero sólo allí donde la ciencia tiene un método riguroso a la hora de evaluar si una hipótesis es, o probablemente sea, verdadera o falsa. La **comunidad científica** no va a rechazar una hipótesis porque haya sido descubierta de un modo extravagante (por ejemplo, si se le apareció a alguien en un sueño o rezando en una iglesia) sino que lo hará si la hipótesis no se adecua a la experiencia. Establecer si una hipótesis está o no de acuerdo con la experiencia es tarea de una **contrastación**. Para esta corriente, la justificación de una hipótesis (llamada **"confirmación"**) es inductiva (esto se debe a que se trata de un **razonamiento inválido**: la conclusión podría ser falsa a pesar de que las premisas sean todas verdaderas). En una justificación se afirma que una hipótesis universal es probablemente verdadera sobre la base de que se ha cumplido lo que la hipótesis afirma en general (para todo X se da la propiedad F) aunque solamente en un número pequeño de casos (para los casos observados se dio la propiedad F). Pertenecen también a esta corriente **Russell, Carnap** y **Reinchenbach**, miembros del **empirismo lógico** del **Círculo de Viena**, en la década de 1930. El I amplio fue criticado por Karl **Popper**, quien defendió la tesis de que la lógica científica es deductiva (en el contexto de justificación) y sostuvo que no existen los "hechos en bruto": todos los hechos están cargados de **teoría**.

Inductivismo amplio: Ver **confirmacionismo**.

Inductivismo en sentido amplio: Ver confirmacionismo.

Inductivismo estrecho: Ver **inductivismo ingenuo**.

Inductivismo ingenuo: Según el II, la **ciencia** comienza con la **observación** a través de los sentidos. Los **enunciados observacionales** a los que se llega forman la base de la que se derivan las **leyes** y **teorías** que constituyen el **conocimiento científico**. Para ello utiliza **enunciados singulares** que se refieren a un determinado **hecho** o **estado de cosas** en un determinado lugar y momento. También usa **enunciados generales** que expresan afirmaciones acerca de las propiedades de algún aspecto del universo (se refieren a todos los acontecimientos de un determinado tipo en todos los lugares y tiempos). El II se basa en el **principio de la inducción:** si en una amplia variedad de condiciones se observa una gran cantidad de A y si todos los A observados poseen sin excepción la propiedad B, entonces todos los A tienen la propiedad B. C. **Hempel** ha criticado al II, planteando que no es correcto tomar como punto de partida de una investigación a los **datos**, porque es una tarea a ciegas y porque nunca podremos reunir todos los datos referidos a un tema (por ejemplo, los granos de arena, los pollos o las civilizaciones). Ni siquiera podemos seleccionar hechos relevantes, ya que no sabemos *respecto a qué* serian relevantes, ya que no hay una **hipótesis** que nos guíe. Así, desde el **inductivismo amplio**, Hempel dirá que los hechos **empíricos**

sólo son relevantes por referencia a una hipótesis dada, y no por referencia a un **problema** dado. Las hipótesis no se derivan de los hechos observados, sino que se inventan para dar cuenta de ellos. Sin **hipótesis preliminares** no hay **ciencia**.

Inductivismo sofisticado: Ver **confirmacionismo**.

Inferencia: Se emplea el **término** I para designar a cualquier clase de **razonamiento**, incluso a aquellos que son incorrectos. Un razonamiento es todo paso desde ciertas **premisas** hacia una **conclusión**. Hay por tanto I válidas e inválidas. Nexo lógico que permite obtener de uno o varios conocimientos, un nuevo **conocimiento**. También se la puede definir como el **proceso** por el cual se llega a una **proposición** y se la afirma sobre la base de otra u otras proposiciones aceptadas como punto de partida. Las I permiten obtener **estructuras** lógicas de todo tipo. Entre estas estructuras se encuentran los razonamientos. No hay razonamiento sin I, sin esa operación de "salto lógico" que va de un conocimiento a otro; pero puede haber I sin razonamiento (aunque autores como **Deaño** los consideran sinónimos). La I queda indicada por términos como "por lo tanto", "por consiguiente", "en consecuencia"; también por una barra horizontal, por un triángulo de puntos ∴ o una barra inclinada /.

Inferencia estadística: Inferencia que supone el uso de observaciones muestrales de una parte de una población (muestra) para inferir algo acerca de las características desconocidas del conjunto o bien para generalizar los resultados de la muestra a una población desconocida más grande. Por ejemplo, las encuestas electorales o de opinión.

Inferencia inductiva (confirmacionismo): Inferencia que toma como **premisas** a **fenómenos** observados y llega a una **conclusión** probable sobre fenómenos no observados. Por ello –a diferencia de la **deducción**- la **verdad** de sus premisas no garantiza la verdad de la conclusión. El término forma parte del **lenguaje** del **confirmacionismo** y ha sido duramente criticado por K. **Popper**, quien le niega toda entidad. Por ejemplo: "Nunca me cayó mal el mate por lo tanto no me va a caer mal ahora".

Inferencia inmediata: Una II es un **razonamiento** que tiene una sola **premisa**. Hay II válidas, por ejemplo: "(premisa) Hoy es jueves, por lo tanto, (**conclusión**) hoy es jueves o martes." Opuesto: **inferencia mediata**.

Inferencia mediata: Una IM es un **razonamiento** que tiene más de una **premisa**. Opuesto: **inferencia inmediata**.

Inferir: Obtener **proposiciones** a partir de otras proposiciones. Obtener **conocimientos** a partir de otros conocimientos.

Instrumentalismo: Posición **epistemológica** –versión extrema del **convencionalismo**– que afirma que las **teorías** no son ni verdaderas ni falsas, sino herramientas, más o menos útiles para hacer **predicciones**. El I sostiene que las **leyes científicas** son simples instrumentos para deducir, de **hechos** observables, otros hechos observables. Pero no son ni verdaderas ni falsas, sino útiles o no. No se justifican, sólo se usan. El I no concibe mundos no observables directamente, a simple vista, tales como los elementos de la sangre, las células, los átomos, las galaxias o los agujeros negros sino que considera que estos conceptos son herramientas. Entre sus principales autores se cuenta a M. Schlick y L. **Wittgenstein**.

Insumo clave: El motor de las **revoluciones** tecnológicas es la necesidad, para el **capital**, de resolver sus **crisis** de **acumulación**. La posibilidad de resolverlas depende de la existencia de un **factor llave** o IC, es decir, aquel **insumo** que logra relanzar la **acumulación de capital** y que presenta las siguientes características: bajo **costo**, **oferta** prácticamente ilimitada, **demanda** masiva. El IC debe ser la base de los cambios tecnológicos, con capacidad de bajar los costos de los demás insumos, desde la **fuerza de trabajo** hasta la energía. Por ejemplo, el paradigma antecesor al actual **capitalismo neoliberal** fue el **capitalismo keynesiano**; su éxito se debió a la presencia de un *stock* de **productos** petro-químicos y metal-mecánicos que brindaban **bienes durables** (automóviles, electrodomésticos, etc). El bajo costo de las **materias primas** (**petróleo** e hierro) y el disciplinamiento que sufrió la fuerza de trabajo fueron otros factores de los que se valió el capital para llevar adelante el proceso de acumulación. Posteriormente, y dentro de la actual revolución informática, el factor llave pasó a ser el llamado "complejo electrónico".

Intensión: Ver **connotación**.

Internalismo: En **filosofía de las ciencias**,

pretensión de autonomía absoluta de las **ciencias** y de la aparición y producción de las teorías científicas respecto de las condiciones sociales y psicológicas.

Interpretación: Hay I cuando se otorga un **significado** a todas las expresiones de un **sistema formal** o **cálculo**, convirtiendo las fórmulas en **enunciados** de los que se puede establecer su **verdad** o falsedad. Los sistemas tienen **términos primitivos** y **términos definidos** (a partir de los términos primitivos), por lo cual basta con asignar significado a los primeros para interpretar todo el sistema. Los **términos lógicos** no están sujetos a I porque son constantes; su significado está asignado por la **lógica** subyacente al sistema. La I es un conjunto ordenado que tiene un dominio y una función que asigna **individuos** y clases de individuos a los términos primitivos (ya que son **símbolos** de un **lenguaje** de **predicados** y los predicados se definen extensionalmente: por ejemplo, el predicado "x es un perro" se define como la clase o el conjunto de todos los perros. Y si digo que algunos perros son marrones, estoy diciendo que hay una intersección entre el conjunto de los perros y el conjunto de las cosas marrones). Si el sistema tuviera un lenguaje proposicional, lo que es infrecuente, no se asignaría significado a términos sino a **formas proposicionales** (por ejemplo: p = Andrés desayuna). Un mismo **sistema axiomático** puede tener distintas I. Las I que hacen verdaderos a todos los axiomas del sistema son **modelos** del mismo.

Investigación aplicada: Ver **ciencia aplicada**.

Investigación básica: Investigación que se caracteriza por la búsqueda desinteresada de nuevos **datos** y **conocimientos**. A veces se la identifica con la **ciencia pura** o bien se la divide en **IB pura** e **IB orientada**.

Investigación básica orientada: Investigación en la que la **institución** que financia el proyecto sugiere o impone al científico un área de interés general al cual dirigir el trabajo.

Investigación básica pura: Investigación en la que el científico elige su tema con absoluta libertad.

Investigación de campo: **Método** típico de las **Ciencias Sociales** (en especial, en la **Antropología** y la **Sociología**) que se basa en un contacto directo con los **fenómenos** que se busca investigar, en un ámbito previamente delimitado.

Investigación estratégica: Concepto que surge tras la **Crisis del Petróleo**, que busca armonizar la **investigación básica** (la "ciencia pura", diría **Bunge**) con los requerimientos de la **economía** y la **producción**.

Investigación y desarrollo: Combinación de la investigación científica o **ciencia pura** con el desarrollo experimental o **ciencia aplicada**.

Irrefutable: Afirmación o argumento que no se puede refutar (que una tesis no haya sido refutada aún no quiere decir que sea I). Según **Popper**, una **hipótesis** I no es una hipótesis científica. Es el ideal del **fundacionismo** poder acumular en un sistema afirmaciones I.

J

Juegos de lenguaje (Ludwig Wittgenstein): Para **Wittgenstein**, el **lenguaje** es un conjunto de juegos lingüísticos con reglas que hay que respetar para que tenga el mismo **sentido**. El **significado** de una palabra depende de su uso en un contexto de sentido o "forma de vida" dados. No se trata de un lenguaje que nos dé significados universales, sino que está vinculado con las prácticas de la **comunidad** que lo utiliza. Este concepto, presente en sus *Investigaciones filosóficas*, representa una ruptura con la obra anterior del autor que había inspirado al **Círculo de Viena**.

Juicio: Afirmación o **negación** de una **proposición**. No es un J, por ejemplo, comprender el **significado** de "Mi vecina está loca" cuando uno todavía no sabe si esto es cierto o falso. Pero una vez que hemos comprobado que está loca tenemos un J: "(Es un hecho que) mi vecina está loca", que es la combinación de comprender el significado de un **enunciado** y además creer o afirmar que es verdadero.

Juicio *a priori*: Ver *a priori*.

Juicio *a posteriori*: Ver *a posteriori*.

Juicio analítico (Immanuel Kant): Enunciado que no va más allá de los **significados** de los **términos**, y que no nos dice nada acerca del mundo real. Por ejemplo, para saber que "Todos los perros son animales" no necesitamos acudir a la realidad para observar perros, ya que -por definición- ser animal es una caracterís-tica de los perros. Lo único que cuenta es el análisis (de allí "analítico") de los términos, las relaciones de **significación** entre los términos (ver también **enunciado analítico**). Opuesto: **juicio sintético**.

Juicio apodíctico: **Enunciado** que expresa la **necesidad** de que S sea P o, lo que es lo mismo, la **imposibilidad** de que S no sea P. Por ejemplo: "Es imposible que no me haya dicho la verdad". A veces se llama JA a cualquier expresión de **modalidad alética**. Otras veces se usa como sinónimo de JA verdadero.

Juicio asertórico: **Enunciado** o **juicio** en sentido propio de la forma "S es P", en el que no se expresa **modalidad**. Por ejemplo: "la marea está alta".

Juicio categórico: Juicio o **enunciado** que afirma que determinado **sujeto** (S) tiene una propiedad (P). Este tipo de juicio dio lugar al **silogismo categórico**. Por ejemplo: "**Argentina** está en América".

Juicio de valor: **Enunciado** sobre lo que debe ser. Por ejemplo: "Es injusto que los despidan".

Juicio fáctico: **Enunciado** sobre lo que es. Por ejemplo: "Despidieron a treinta empleados".

Juicio sintético (Immanuel Kant): Enunciado que tiene contenido **fáctico**, ya que va más allá de los **significados** de los **términos**, diciéndonos algo acerca del mundo. Por ejemplo, "La luna gira alrededor de la Tierra" es un juicio de este tipo.

Juicio sintético *a priori* (Immanuel Kant):

Enunciado que es **sintético** -porque dice algo acerca del mundo- y es *a priori* -porque se lo puede saber con certeza sin recurrir a la **experiencia** para justificarlo-. Los **empiristas** se oponen a la idea de que existan JSAP. Pero **Kant** dice que la geometría es absolutamente cierta -ya que de ciertos **axiomas** se deducen **teoremas**-, lo es de una manera que no requiere justificación por la **experiencia** y sin embargo habla acerca del mundo **empírico**. Se la justifica por intuición (por ejemplo, no hace falta dibujar dos puntos y trazar una línea para saber que sólo es posible trazar una línea recta entre dos puntos). La geometría es *a priori* pero nos está diciendo algo acerca del mundo -la **estructura** real del mundo- y por lo tanto usa **juicios sintéticos**. Pero no es *a posteriori* porque -a diferencia de una **ley empírica**- nunca va a suceder que un **dato** real contradiga el **Teorema** de **Pitágoras**. En la actualidad se advierte el error de Kant: consistía en no darse cuenta de que hay dos tipos de geometría: una matemática y otra física. La primera es **analítica** y *a priori* (**geometría euclidiana**), no dice nada del mundo, es una estructura lógica que relaciona **axiomas** y teoremas. La geometría física, en cambio, se ocupa de la aplicación de la geometría para el mundo. Aquí, un punto es una posición real en un espacio físico. La geometría matemática es *a priori*. La geometría física *a posteriori*. Así, hoy muchos sostienen que la categoría "sintético y *a priori*" es vacía, que no existe de ella ningún caso y que no se puede formular un **enunciado** que combine la certeza lógica con el conocimiento de la estructura geométrica del mundo. Hay, sin embargo, defensores contemporáneos de la **tesis** kantiana de que existen JSAP (por

ejemplo, Saul Kripke), aunque no dan los mismos ejemplos: toda la **ciencia fáctica** es *a posteriori*, pero la filosofía no parece serlo y tampoco pretende ser **analítica**. Otros filósofos, como Quine, rechazaron la distinción analítico-sintético. Ver *a priori*.

Juicios categóricos de valor: Según la definición de **Hempel**, **enunciados** que no describen **hechos**, no contrastables, donde cabe la pregunta de si es o no correcto "hacer B para obtener A". Es un enunciado **expresivo** o **directivo**, es decir, que puede señalar **normas** o criterios que evalúan pragmáticamente algunas decisiones metodológicas que no pueden justificarse por otros medios. Por ejemplo, un **juicio** acerca de un criterio que pretenda determinar en qué condiciones una **inducción** es una razón suficiente para creer en la **verdad** de su **conclusión**.

Juicios de valor: Weber describió a los JV como a aquellas consideraciones acerca del carácter deseable o indeseable de ciertos **hechos** o **valores** presentes en la **sociedad**. Frente al problema de la **objetividad** en la investigación científica, Weber sostuvo que el hombre de **ciencia** puede neutralizar los efectos que sus propios **valores subjetivos** puedan causar en sus estudios. En este sentido, Weber reformuló el planteo **positivista** acerca de la completa objetividad del científico y de ausencia de valores frente a su **objeto** de estudio. Para Weber, es la ciencia la que es neutral, no los científicos. Este punto de vista ha sido criticado desde la **nueva filosofía de la ciencia** (por ejemplo, **Kuhn**). (Ver también **neutralidad valorativa**).

Juicios de valor apreciativos: Según **Nagel**, se trata de **afirmaciones** que realizan una evaluación positiva o negativa en relación con ciertos **valores**, por parte de un científico. Se oponen, en este sentido, a los **juicios de valor caracterizadores**.

Juicios de valor caracterizadores: Según **Nagel**, se trata de **afirmaciones** que buscan establecer la presencia o ausencia de **valores** en un **fenómeno** o situación, sin que ello implique que el científico tome partido –positiva o negativamente- por los mismos. Se oponen, en este sentido, a los **juicios de valor apreciativos**.

Juicios instrumentales de valor: Según la definición de **Hempel**, **enunciados condicionales** del tipo "Si queremos lograr A (por ejemplo, prolongar la vida de un paciente con daño cerebral irreversible), necesitamos hacer B (conectarlo a un respirador artificial)", donde B es un medio para obtener A, que es un fin. Se trata de un **enunciado** que habla de **hechos** empíricamente contrastables.

Justificación: Ver **contexto de justificación**.

Justificacionismo: Ver **verificacionismo**.

Justificar: Ofrecer argumentos en favor de la corrección de una **hipótesis** o **teoría**. Todas las disciplinas están caracterizadas por tener, además de un **objeto** de estudio, reglas o criterios de **validez** que determinan qué argumentos son incontestables, necesarios o inatinentes para probar una **tesis**.

K

Kant, Immanuel (1724-1804): Filósofo alemán, recibió influencias de la crítica **empirista** de **Hume**, la **Ilustración** alemana (**Leibniz**), el **protestantismo** y la física de **Newton**. Considerado fundador del **idealismo** alemán criticó, sin embargo, tanto al **racionalismo** de **Descartes** como al empirismo de Hume, ya que consideraba que ambos son formas del **realismo** y plantean que el **sujeto** que conoce recibe a un **objeto** ya dado, es decir, que el sujeto se limita a reflejar al objeto. **Kant**, por el contrario, sostendrá que el sujeto *elabora* el objeto, debido a que la **experiencia** se apoya en el **yo trascendental**, que es la síntesis *a priori*. De este modo, buscó una postura intermedia entre el empirismo y el racionalismo. Del primero acepta que el **conocimiento** proviene de una experiencia, es decir, que es *a posteriori*. Sin embargo, da un papel muy importante a la mente porque ésta permite incorporar las sensaciones a las **estructuras** mentales, permitiendo un conocimiento *a priori*. De él decía **Lenin**: "Cuando K admite que cierta **"cosa en sí"**, fuera de nosotros, debe corresponder a la representación que nos formamos de ella, es **materialista**; cuando declara imposible conocer esta "cosa en sí", se vuelve idealista." Sus dos obras claves fueron *Crítica de la razón pura* (1781) y *Crítica de la razón práctica* (1788).

Kepler, Johannes (1571-1630): Matemático y astrónomo alemán. Influido por **Copérnico**, formuló las **leyes** que explican los movimientos planetarios o **Leyes de K**

y creó un telescopio con dos lentes divergentes, uno del ocular y otro del objetivo.

Klimovsky, Gregorio (1922-2009): Epistemólogo y matemático argentino, especialista en **lógica** y **filosofía de la ciencia.** Entre sus obras principales encontramos a: *Las desventuras del conocimiento científico* (1994).

Know-How: Vocablo inglés que significa "saber hacer" o **"saber cómo** hacerlo." Conocimiento de fórmulas, **técnicas** y procesos de **producción.** En general, se refiere a la transferencia de **conocimientos** y/o **tecnología.** Es el equivalente de la expresión francesa *savoir faire.* Opuesto: **conocimiento proposicional,** *kwow-that.*

Know-That: Vocablo inglés que significa "saber que", sinónimo de **conocimiento proposicional** (ver). Opuesto: *know-how.*

Kuhn, Thomas (1922-1996): Filósofo de la **ciencia** y físico norteamericano, considerado uno de los fundadores de la llamada **filosofía histórica de la ciencia.** Rechazó la noción del **progreso científico** acumulativo del **positivismo** y sostuvo que la ciencia avanza a saltos, a través de **crisis** y **revoluciones científicas** que determinan la transición de un **paradigma** dominante a otro, **inconmensurable** con respecto al anterior. También criticó la visión clásica que veía al científico como un pensador **objetivo** e independiente, y describió a la mayoría de ellos como **individuos conservadores** y "solucionadores de rompecabezas", es decir, sin espíritu crítico ni innovador, negadores de las **anomalías** que pudieran detectar en el desarrollo de sus investigaciones

en el marco de la **ciencia normal.** Sólo los científicos que rompieran con aquella **lógica** podrían impulsar los cambios de paradigma. Entre sus obras principales encontramos a: *La estructura de las revoluciones científicas* (1962).

L

La estructura de las revoluciones científicas **(Thomas Kuhn, 1962):** Obra fundamental, donde **Kuhn** propone una reconstrucción de la actividad científica teniendo en cuenta que la **ciencia** tiene una **historia** y que surge como resultado de una práctica colectiva y no de meras individualidades. Kuhn afirma que una **comunidad científica** es tal en la medida en que comparte un **paradigma,** cosmovisión que guía la **ciencia normal.** En esta obra desarrolla las nociones de **paradigma rival, crisis, revolución científica, anomalía, ciencia normal, inconmensurabilidad de los paradigmas** y **enigma** (ver todas estas entradas).

La lógica de la explicación **(Carl Hempel y Paul Oppenheim, 1948):** Artículo que desarrolla una presentación clásica de la **estructura** de las explicaciones científicas, conocida como **"modelo de cobertura legal".** La idea básica de este modelo es que proporcionar una **explicación** sobre un hecho consiste –fundamentalmente- en mostrar que obedece a determinadas **leyes.** Esta obra sigue siendo hoy una referencia para quienes abordan el tema de la explicación, ya sea para criticarla o para seguir su línea.

La lógica de la investigación científica
(Karl Popper, 1934): Obra en la que este autor, defensor del **método hipotético deductivo,** se ocupa de establecer un **criterio de demarcación** que permita distinguir la **ciencia** de lo que no lo es. **Popper** propuso el **principio de refutabilidad** como condición para que una **hipótesis** sea genuinamente científica. Además criticó la postura que sostiene que los **enunciados básicos** son infalsables y que son el suelo firme a partir del cual se edifica la ciencia.

La naturaleza está escrita en caracteres matemáticos (Galileo Galilei): Según algunos autores (Koyré) se trata de una creencia de la **ciencia moderna** y el **racionalismo,** que dirá que la naturaleza está determinada *a priori* en forma racional. **Galileo** se inclinaba por un método *a priori* de alcanzar la **verdad** que -debido a la **estructura** matemática del mundo- no tenía necesidad de **verificación** sensible, es decir, que no era necesario ponerla a la **prueba** de los sentidos. Sin embargo, Galileo sostenía que la matemática no es una verdad *a priori*, sino un **método** de expresión y **razonamiento** preciso que evita las arbitrariedades **subjetivas** de la **filosofía escolástica medieval.**

Laboratorio: Ámbito en el que el investigador realiza **experimentos,** manipulando y controlando factores o **variables.** La ventaja de trabajar en el L es que se obtiene un mayor grado de precisión, aunque se dificulta la certeza de las generalizaciones. Opuesto: **campo.**

Lakatos, Imre (1922-1974): Filósofo de la **ciencia,** matemático y físico húngaro, representante del **falsacionismo moderado.** L o Imre Lipschitz (nombre que debió cambiar por su condición de judío perseguido por los **nazis**) se propuso corregir las limitaciones del **falsacionismo** de **Popper.** En especial, se opuso a la idea de Popper de que una **teoría** resulta **refutada,** es decir, que su falsedad es probada, ante escasa evidencia **empírica** en su contra. Propuso una actitud más tolerante con las teorías, aplazando su rechazo. El objetivo de L es la búsqueda de la **objetividad,** la consistencia de las teorías y su capacidad predictiva y el **método** adecuado para lograrlo es reconstruir históricamente la racionalidad del **conocimiento.** En este sentido, su postura aparece como intermedia entre Popper, por un lado y **Kuhn** y **Feyerabend,** por el otro. Entre sus obras principales encontramos a: *Pruebas* y *refutaciones* (1962) e *Historia de la ciencia y sus reconstrucciones racionales* (1971).

Lamarck, Jean Baptiste de Monet de (1744-1829): Naturalista francés, precursor del **evolucionismo** y creador de la teoría **transformista,** basada en la adaptación del organismo al medio, que se opuso al **fijismo.** Se lo considera el fundador del **transformismo.** En su teoría transformista presenta dos leyes: a) que los cambios climáticos y geográficos del medio ambiente provocan una adaptación de los seres vivientes y, b) que esta adaptación se manifiesta en cambios que -una vez adquiridos- pasan al patrimonio hereditario y se transmite a los descendientes, es decir, la herencia de los caracteres adquiridos. Para L, estas leyes son evidentes, y no simples **hipótesis,** apoyándose en conocimientos zoológicos muy rudimentarios, y sintetizando su postura en la idea de que "la función crea el órgano", lo cual presupone un finalismo intrínseco (**teleología**). Es una ciencia influida por la **metafísica**, debido a que en la época de L, todavía la biología mantenía el esquema aristotélico-medieval. Los descubrimientos de **Mendel** a fines del siglo XIX refutaron los aspectos esenciales de la teoría de L. Entre sus obras principales encontramos a: *Filosofía zoológica* (1809).

Lamarquismo (1809): Teoría evolutiva planteada por J. **Lamarck**. Sostenía que los cambios en el medio alteran las características vitales.

Lenguaje artificial: Conjunto de **símbolos** y sus **reglas de formación**, creados no espontáneamente sino de forma deliberada para resolver o simplificar problemas, para axiomatizar **teorías** con claridad (no todos los **sistemas axiomáticos** usan un LA; se llaman *sistemas formalizados* si su lenguaje es artificial y *no formalizados* si usan un **lenguaje natural**). Entre las virtudes de los LA se destaca el hecho de que hay un algoritmo o procedimiento mecánico para determinar si una **fórmula** está bien formada y que el problema del **significado** de sus **proposiciones** se reduce al problema del significado de sus **términos primitivos** (ver **interpretación**). Al estar estrictamente reglado, es una herramienta invaluable para posibilitar la **comunicación** inequívoca y el acuerdo entre los científicos, incluso de distintas épocas y países (ver también **lenguaje formal**).

Lenguaje emotivamente neutro: Lenguaje desprovisto de **subjetividad**. La **ciencia** utiliza un LEN.

Lenguaje emotivo: Lenguaje con una fuerte carga de **subjetividad**.

Lenguaje formal: Lenguaje al que se le han eliminado **términos** del lenguaje ordinario y sólo se emplean **símbolos** arbitrarios, de cuyo **significado** se prescinde con el fin de dirigir la atención a las relaciones entre los símbolos. Se usa en álgebra o **lógica**. Por ejemplo, "(a + b) = (b + a)". (Ver también **lenguaje artificial**).

Lenguaje natural: Lenguaje utilizado por los humanos para las comunicaciones ordinarias. Son los idiomas, como el castellano, el inglés, el francés, etc. El LN se va formando paulatinamente mediante el uso de un **grupo** social. Posee gran riqueza significativa, aunque adolece de **vaguedad** y **ambigüedad**. Opuesto: **lenguaje técnico** o **artificial**.

Lenguaje no verbal: Modo de **comunicación** que se acepta y tiene **normas** que lo regulan dentro del contexto en que se encuentra. Forman parte del LNV: el silencio, gestos y movimientos corporales, vestimenta, señas, tonos de voz, imágenes, etc.

Lenguaje objeto (Rudolf Carnap): Lenguaje del cual se habla en base a otro lenguaje llamado **metalenguaje**. En el ejemplo "La palabra "perro" tiene cinco letras", "perro" pertenece al LO y el resto es el metalenguaje.

Lenguaje sintáctico: Ver **metalenguaje**.

Lenguaje técnico: Lenguaje natural a cu-

yos vocablos o expresiones se les otorga un **significado** restringido, mediante definiciones precisas. Utiliza términos estrictamente definidos, definiciones precisas, reduciendo o eliminando la **vaguedad** y la **ambigüedad**. Es el lenguaje de la **ciencia** y todo lenguaje profesional o especializado. Por ejemplo, "Al paciente se le realizará una traqueotomía".

Lenguaje verbal: Modo de **comunicación** en la cual se utilizan **signos lingüísticos** para expresarse.

Ley causal: Ver **explicación causal.**

Ley científica: Proposición general de considerable poder explicativo-predictivo acerca de alguna **regularidad** en el orden de una cierta región de **hechos** o clase de **fenómenos**. Por ejemplo, la **ley de gravitación universal** de **Newton**.

Ley de causa-efecto (David Hume): Una de las tres **leyes de asociación**, la LCE vincula un **fenómeno** con otro, estableciendo que uno es **causa** del otro, que es su **efecto**. Por ejemplo, cuando pensamos en una persona que corre lo asociamos con la idea de que su corazón latirá más rápido.

Ley de contigüidad (David Hume): Una de las tres **leyes de asociación**, la LC vincula un **fenómeno** con otros que lo rodean. Por ejemplo, cuando pensamos en tres medialunas las asociamos con la idea del café con leche que suele acompañarlas.

Ley de gravitación universal (Isaac Newton, 1687): Una de las **leyes** fundamentales de la física. **Newton** explicó que todos los objetos del universo ejercen una fuerza de atracción sobre los demás, debida a su masa. La LGU fue publicada en sus *Principios matemáticos de la filosofía natural*.

Ley de semejanza (David Hume): Una de las tres **leyes de asociación**, la LS vincula un **fenómeno** con otros parecidos. Por ejemplo, cuando pensamos en el diario Clarín, lo asociamos con la idea de otros diarios (La Nación, Página 12, etc).

Ley empírica: Parte de la **estructura** de una **teoría** científica, convencionalmente denominada "**nivel 2**". **Enunciado** científico o **hipótesis** que puede ser confirmado directamente mediante **observaciones empíricas**, a través de **fenómenos** que pueden observarse directamente. A diferencia de la **afirmación empírica singular** ("**nivel 1**"), las LE son enunciados acerca de fenómenos observables también, pero con un alcance universal, porque se refieren a todos los casos posibles de ese tipo de fenómeno (también pueden ser existenciales o estadísticos). Por ejemplo, la **ley** que establece que "Todos los metales se dilatan al calentarse", o la que establece que "Si se mantiene constante la temperatura de un gas el producto del volumen por la presión es también constante". Estas leyes contienen **términos** directamente observables por los sentidos o mediante técnicas relativamente simples. Son leyes que se usan para explicar **hechos** observados y para predecir sucesos futuros observables.

Ley estadística: **Ley científica** que afirma que cierto **fenómeno** se produce en un determinado porcentaje de casos, pero nunca en todos los casos. Por ejemplo, "Las manzanas maduras, por lo general, son rojas", o "Aproximadamente la mitad de los niños que nacen son varones". Cuando tenemos una LE, la **predicción** derivada de ella será **probable**, como es el caso de la meteorología: no se puede afirmar que mañana lloverá, sino que es probable que llueva. En la **vida cotidiana**, predomina la **lógica** de la **probabilidad**: sin darnos cuenta, giramos el picaporte y "sabemos" que la puerta muy probablemente se abrirá.

Ley fáctica: Ver **ley empírica**.

Ley general: Ver **ley universal**.

Ley lógica: Es toda **forma proposicional** tal que, si sustituimos sus **variables** por **constantes** descriptivas adecuadas a su categoría **semántica**, el resultado será siempre una **proposición** lógicamente verdadera. Todos los ejemplos de sustitución o **interpretaciones** de una LL deben ser verdaderos. También se las llama **tautologías**. Por ejemplo: "Ser o no ser", "Si la manzana es roja, entonces la manzana es roja".

Ley probabilístico-estadística: Ver **ley estadística**.

Ley teórica: Ley o **hipótesis** ("nivel 3") que contiene **términos** no observables, y describe entidades tales como moléculas, electrones, protones, campos electromagnéticos, etc. La **confirmación** de una LT es indirecta, porque sólo se produce a través de la confirmación de **leyes empíricas** derivadas de la **teoría**. El valor de una LT radica en su poder de predecir

nuevas leyes empíricas. También se la llama *ley abstracta* o *hipotética*.

Ley universal: Se trata de una **proposición** del tipo: "En todos los casos en los que se da el **fenómeno** A, se da también el fenómeno B." Si una **regularidad** se observa en todo tiempo y lugar, sin excepción, estamos ante una LU, como "El hielo es frío". Son la base de la **explicación nomológico-deductiva**.

Leyes de asociación (David Hume): Leyes fundamentales del **empirismo** y el **asociacionismo. Hume** distingue tres LA: **ley de semejanza, ley de contigüidad** y **ley de causa-efecto** (ver todas estas entradas).

Leyes de Kepler: Leyes que describen los movimientos de los planetas: a) cada planeta describe una elipse, en uno de cuyos focos está el Sol, b) los planetas recorren áreas iguales en tiempos iguales y, c) los cuadrados de los períodos de revolución son proporcionales a los cubos de los semi-ejes mayores de las órbitas.

Leyes de la asociación: Ver **leyes de asociación**.

Leyes de Mendel (Johann Gregor Mendel, 1869): Leyes sobre la herencia. Ellas son: **ley** de **segregación igualitaria**, ley de la **segregación independiente** de caracteres. Según la primera, en todo organismo de reproducción sexual, cada uno de sus genes se presentan de a pares, que se separan (segregan) durante la formación de gametas. De esta forma, la mitad de gametas llevan un miembro de la pareja génica y la otra mitad el otro miembro de la pareja génica. Según la segunda ley, durante la formación de gametas, la segregación de los miembros de cada pareja génica ocurre en forma independiente. A modo de ejemplo, de esta forma es posible encontrar gametas con el gen que determina el pelo oscuro y el gen que determina los ojos oscuros; gametas con el gen que determina el pelo oscuro y los ojos claros; gametas con el gen para ojos claros y pelo oscuro, y gametas con información para pelo y ojos claros. Es decir que cuando los miembros de pareja génica que determina el color de pelo se separan, cada uno de sus miembros tiene igual **probabilidad** de seguir a cualesquiera de los miembros de otra pareja génica (en este caso de ojos).

Leyes de Newton: Tres principios fundamentales de la mecánica clásica: 1- el principio de inercia (todo cuerpo tiende a mantenerse en reposo o en movimiento rectilíneo uniforme a menos que se le aplique una fuerza), 2- la ecuación fundamental de la mecánica (la fuerza necesaria para cambiar la velocidad de un cuerpo es proporcional a su masa: F = m . a y 3- la **ley** de interacción (mal llamada principio de acción y reacción): la fuerza es una interacción entre cuerpos (partículas). Esta característica de la fuerza suele ser expresada de la siguiente forma: a toda fuerza ejercida sobre un cuerpo (acción) se le opone una fuerza de igual magnitud pero de sentido contrario (reacción).

Leyes lógicas: Ver **principios lógicos** y **ley lógica**.

Leyes transculturales (Ernest Nagel): Leyes generales de carácter trans-histórico, aplicables para todo tiempo y lugar. Para los **positivistas** –entre los que se cuenta **Nagel**- las LT existen tanto en las **Ciencias Naturales** como en las **Ciencias Sociales**. Ejemplos de LT en el campo social serían las **leyes** de la agresión, la **prohibición del incesto**, las leyes del instinto y la energía psíquica, la teoría **marxista** de las **clases**, etc. Sin embargo, posiciones críticas sostienen que esas leyes no pueden escapar al contexto en que se desenvuelven -qué sociedad, en qué época, etc-, perdiendo su condición trans-cultural.

Libertad de estipulación: Posibilidad de inventar términos y nombres.

Locke, John (1632-1704): Filósofo **empirista** y médico inglés, partidario de la **teoría contractualista**. Filosóficamente, fue el primer teórico que planteó que el **conocimiento** no es infinito sino que tiene un límite para su desarrollo. L rechazó toda visión que suponga que el ser humano viene al mundo con ciertos **conocimientos** innatos y pensó al ser humano como una hoja en blanco (**tabla rasa**) sobre el que se hacen presentes ciertas impresiones o sensaciones que son enriquecidas mediante asociaciones más complejas (reflexiones).

Lógica: Estudio de los **métodos** y principios usados para distinguir el buen **razonamiento** del malo. Disciplina que estudia los principios o reglas de la **validez** o **invalidez** formal e informal de la **inferencia**, es decir, la reglas que hacen a un **razonamiento deductivo**. Hay una L de la **inducción** pero no está incluida en la L en el sentido estrecho, que es el más frecuente. La L se basa en tres principios básicos: **principio de identidad, principio de no contradicción** y **principio del tercero excluido.** El surgimiento histórico de la L está ligado a la obra de **Aristóteles** *Organon*, en el siglo IV a.C., donde el filósofo reúne los escritos de autores anteriores y plantea nuevos conceptos como el de **silogismo.** La base fundamental de la L se mantendrá hasta fines del siglo XVIII y el siglo XIX, cuando surge y se desarrolla la **L moderna,** con los aportes matemáticos de G. Boole, G. **Frege,** G. **Peano** y C. **Peirce.** A principios del siglo XX, la **L matemática** o **L simbólica** dio un nuevo giro, de la mano de autores como B. **Russell** y A. **Whitehead.** A la L o L con principio de identidad, se le opuso la **L dialéctica** (**Hegel**), que planteó que los **conceptos** y los **objetos** son y al mismo tiempo no son idénticos a sí mismos, ya que están envueltos en un **proceso** de desarrollo y cambio permanentes (desde un punto de vista, no sería estrictamente una L, sino una **metafísica**).

Logocentrismo: Concepción que plantea que el mundo puede ser explicado exclusivamente a partir de la **razón.**

Logos: **Término** griego que tiene muchos **significados,** aunque todos relacionados: medida, proporción, **razón,** argumento, **discurso,** frase, facultad de razonar, facultad de hablar. Según **Aristóteles,** es lo que distingue al **hombre.**

M

Marco teórico: El MT está compuesto de una serie de supuestos o **hipótesis,** que frecuentemente no son explicitados y de los cuales se infieren consecuencias que no se cuestionan, no al menos mientras se está usando el MT para hacer investigaciones acerca de alguna cuestión concreta. El MT es generalmente el que indica las directivas más generales, como qué **datos** son relevantes para ocuparse de un tema y cuáles son las **variables independientes.**

Materialismo (siglos XVII-XVIII): Doctrina filosófica que sostiene que la **materia** es el fundamento de la realidad y que el mundo existe desde siempre –y por lo tanto, no fue creado– y con independencia de los **sujetos.** La materia -en este sentido, que no es el aristotélico- está compuesta de corpúsculos que actúan unos sobre otros de acuerdo con **leyes** mecánicas expresables matemáticamente y ellos son a la vez el fundamento de toda realidad y la **causa** de todas las transformaciones (aunque no todo M es **determinista**). Así, la **idea** y el espíritu tienen un *status* inferior que varía según de qué M se trate, pero en líneas generales están determinados por la materia y deben ser explicados en términos de sus **causas** materiales. El M moderno es una reacción contra las investigaciones idealistas de corte **cartesiano** que privilegian la **gnoseología** y la certeza hasta el extremo de poner en tela de juicio la realidad del mundo sensible (tradición que inició **Platón**). Para el M, el mundo existe independientemente de la **conciencia** y debe estudiárselo como tal, es decir, sin la pretensión de que la conciencia tenga de él una captación plena e indubitable. Representantes del M: **Demócrito** y **Epicuro** en la **Antigüedad** y Thomas **Hobbes,** Gottfried W. **Leibniz,** Ludwig **Feuerbach**

y Denis **Diderot** en el pensamiento moderno. Posteriormente, el **marxismo** desarrolló el **M dialéctico** y el **M histórico** para superar las que consideraba eran limitaciones del M precedente –en especial, el de Feuerbach-, al que calificó de **M vulgar**. Opuesto: **idealismo**.

Matriz disciplinar (Thomas Kuhn): Reformulación que realizó **Kuhn** del concepto de **paradigma** a partir de críticas recibidas en referencia a la **ambigüedad** de este último término.

Mecanicismo (siglo XVII): Doctrina que afirma que la naturaleza (física) es una máquina que está formada por partes semejantes a los engranajes de una máquina y que comprendiendo dichas partes se conoce al todo (M metafísico), o bien que la naturaleza puede explicarse como si fuera una máquina, sin afirmar que realmente lo sea (M explicativo). En el primer caso el universo está gobernado por fuerzas mecánicas, creadas (o no) por un Dios ingeniero o relojero. Ha sido frecuente la combinación de M con **naturalismo o materialismo**. También se llama M a una **teoría** que toma como **modelo** a la física mecánica de **Newton**. Ya que las **leyes** de Newton son deterministas y no estadísticas, M puede entenderse como sinónimo de "determinismo". Son representativos del M los pensamientos de René **Descartes**, Thomas **Hobbes** y el mencionado Isaac Newton. Opuesto: **finalismo** y **creacionismo**.

Mendel, Johann Gregor (1822-1884): Botánico, matemático, escritor y sacerdote austríaco, estableció los cimientos de la genética moderna; disciplina que posteriormente resolvió puntos oscuros de la **teoría evolucionista**, dando por tierra con la teoría de los **caracteres adquiridos** de **Lamarck**. Trabajó en un pequeño jardín con arvejas, **especie** con características fácilmente diferenciables y observables (**fenotipos**), y en un número relativamente grande. Luego de seleccionar los "caracteres diferenciales" -es decir una serie de observaciones que consideró importantes- M postuló sus leyes (ver **leyes de Mendel**).

Metalenguaje (Rudolf Carnap): Lenguaje que se emplea para hablar sobre otro lenguaje, llamado **lenguaje objeto**. **Carnap** planteó la diferencia entre el M (la lengua *que* hablamos) y el lenguaje objeto (la lengua *de la que* hablamos). Otra manera de expresar la diferencia es decir que en el lenguaje objeto se *usan* ciertos términos o signos y en el M se los *menciona*. Las afirmaciones que se hacen en el M son acerca del lenguaje objeto, acerca de sus **símbolos**, su correcto uso, etc, y por lo general los símbolos del M son diferentes a los del lenguaje objeto para evitar confusiones. Una de las consecuencias de confundir el M con el lenguaje objeto puede ser la afirmación de una **paradoja**, en la que se toman **enunciados** de los dos lenguajes como si pertenecieran a un único lenguaje de modo que pueden entrar en contradicción si se toma a uno de ellos como la negación del otro. Si en cambio se acepta que los dos lenguajes no tienen palabras con el mismo **significado**, esto no sucede. En el ejemplo "La palabra "inédito" es esdrújula", "inédito" es el lenguaje objeto y todo lo demás es M.

Metalingüístico: Relativo a un **metalenguaje.**

Metatexto: Metalenguaje, un texto metido adentro de otro texto.

Método: (Del griego *métodos*, "camino para alcanzar una meta"). Procedimiento, camino a seguir o estrategia **sistemático**, regular y repetible que busca arribar al **conocimiento científico** de un **objeto** de estudio o a algún otro fin determinado de antemano.

Método científico: Procedimiento de **justificación** de **proposiciones** que la **comunidad científica** considera válido. No hay un único **método** que compartan todas las ciencias y estrictamente hay un método por cada **ciencia**, pero en líneas generales pueden dividirse tres categorías: las **ciencias formales** usan la **deducción** y el **método axiomático**, las **ciencias naturales** el método hipotético-deductivo y el **método experimental** y las **ciencias sociales** se sirven de la **estadística** y de su interpretación (ver todas las entradas). También puede llamarse MC al conjunto de procedimientos por los cuales los científicos descubren o crean las proposiciones que luego tendrán que justificar, aunque esta acepción es menos frecuente porque estos procedimientos no están reglados y por tanto no parecen ser un método sino más bien un hábito.

Método comparativo: Procedimiento de **experimentación** indirecta utilizado en las **Ciencias Sociales**. Los primeros en utilizarlo fueron los sociólogos **evolucionistas**. El MC sirve para comprobar **hipótesis**, aunque se presenta la dificultad de la falta de hipótesis claramente formuladas. También se usa para comparar sociedades o **instituciones** particulares de una misma **sociedad** o de sociedades diferentes. Otra de las variantes es la de estudiar sociedades primitivas, mientras que autores como Lipset y Bendix han estudiado los comportamientos electorales y las condiciones de un **gobierno** democrático. Barrington Moore, por su parte, comparó distintos **procesos** de industrialización. Por último, **Durkheim** planteó que para demostrar que un **fenómeno** es **causa** de otro hay que estudiar los casos en que ambos están presentes o ausentes y ver si uno depende del otro. Durkheim analizó las variaciones al interior de una sociedad en particular, lo que dio lugar a otras investigaciones ligadas a la comprobación de hipótesis en pequeña escala (por ejemplo, la relación entre la **educación** y las **clases sociales**).

Método de la analogía lógica: Procedimiento lógico por el que, dado un **razonamiento**, tratamos de encontrar uno de su misma forma, que tenga **premisas** verdaderas y **conclusión** falsa. Si hallamos ese ejemplo habremos probado que el razonamiento es **inválido** (por eso se lo llama **contraejemplo**), así como también todos los de su misma forma. Pero si no encontramos ese ejemplo, la garantía de que el razonamiento sea válido no es total, ya que está la posibilidad de que no se nos haya ocurrido el ejemplo, pero que exista. Si alguien nos dijera "El médico me mintió, así que los médicos son unos mentirosos", podríamos preguntarle: "Mi perro es negro, ¿usted cree que todos los perros son negros?" Si responde que no y además acepta la validez del MDLAL, tendrá que admitir que su razonamiento inicial es inválido.

Método de la concordancia (John Stuart Mill): Uno de los **métodos inductivos** propuestos por este autor. El MC plantea que -si dos o más casos de un **fenómeno** tienen sólo un aspecto en común- la situación en la que coinciden todos esos casos, es la **causa** del fenómeno de que se trate. Así, si se quiere saber si una hamburguesa de pollo en mal estado provocó una intoxicación, debemos establecer si A (hamburguesa de pollo) es causa de B (intoxicación), hay que modificar todas las demás variables (C (lugar), D (pan), E (aceite), etc) y mantener sin cambios a A y B. Si B se sigue produciendo, su causa será A (ver también **método de la diferencia**).

Método de la diferencia (John Stuart Mill): Uno de los **métodos inductivos** propuestos por este autor. El MD plantea que si se investiga un **fenómeno** y éste se presenta en un caso y en otro no y todas las circunstancias son las mismas, salvo una, entonces ésta última es la **causa** del fenómeno. Así, si se quiere saber si una hamburguesa de pollo en mal estado provocó una intoxicación, debemos constatar que, en la situación en la que las circunstancias son las mismas -el mismo lugar, el mismo pan, el mismo aceite, etc-, salvo una -puede tratarse, por ejemplo, de una hamburguesa de carne- no se produzca la intoxicación. Al colocarse de nuevo la hamburguesa de pollo, sí hay intoxicación. He allí la diferencia buscada (ver también **método de la concordancia**).

Método deductivo: Dícese del procedimiento de obtención de **proposiciones** o **fórmulas** a partir de otras llamadas **premisas** o supuestos, tal que la **verdad** de las premisas garantiza la verdad de la **conclusión**, vale decir que sería una **contradicción** lógica afirmar a la vez la verdad de las premisas y la falsedad de la conclusión. El MD tiene reglas explícitas que se deben seguir para obtener este propósito (llamadas **reglas de transformación**). Utilizado en las **ciencias formales**, también se lo aplica en las **ciencias fácticas**, destacándose la matemática aplicada a la física y el **método hipotético-deductivo** como algunas de sus aplicaciones. El defecto más señalado del MD es que las conclusiones no aportan más información **fáctica** que la contenida en las premisas. Opuesto: **método inductivo**.

Método experimental: **Método** científico surgido con **Galileo** y desarrollado por **Bacon** y **Mill**, que se caracteriza por ser especulativo (la **teoría** es un conjunto de **hipótesis**) y tiene dos etapas: una matemática o deductiva (saber *a priori*) en la que se establecen las relaciones inferenciales entre las hipótesis más generales y los **enunciados singulares** con los que se describe el **experimento** y sus resultados (por ejemplo: según las hipótesis H, el resultado del experimento descripto en los enunciados E debe ser necesariamente R y si fuera diferente ($\neg$R) debe inferirse que al menos un enunciado perteneciente a H o a E es falso) y sirve para diseñar los experimentos contrastadores; mientras que la otra etapa es **empírica** (saber *a posteriori*): incluye la realización del **experimento**, las mediciones y el establecimiento de los **valores de verdad** de los enunciados H, E y R. La experimentación involucra la modificación deliberada de algunos factores, sea en un laboratorio o fuera del laboratorio, por ejemplo, en un **experimento de campo** y debe ser repetible, es decir, que con la ayuda del registro escrito de un experimento se puede reproducir para constatar que los resultados sean los mismos. Así, si los resultados son otros, puede ponerse en tela de juicio el primer experimento.

Método hipotético-deductivo: Procedimiento científico que parte de la suposición de **hipótesis generales**, formulando **enunciados observacionales** que se infieran de esas hipótesis y contrastando a éstas por medio de la **observación** o la **experimentación**. El MHD niega la primacía de los **hechos** en la **lógica** del descubrimiento (sostenida por el **inductivismo estrecho**) defendiendo la idea de que es la **teoría** la que guía la búsqueda de hechos relevantes –la observación tiene una "**carga teórica**" ya sea una **teoría** completa o unas categorías de clasificación pre-teóricas-, no son puros sino siempre relevantes con respecto a algún fin. El esquema básico del MHD es: **marco teórico-problema**-hipótesis-**deducción**-consecuencias contrastables-**contrastación-refutación** o **corroboración/confirmación/verificación**. Según el MHD las hipótesis se justifican o contrastan mediante sus **consecuencias observacionales** (enunciados que describen **estados de cosas** observables y que se deducen de las hipótesis). Pertenecen a esta corriente tanto miembros del **confirmacionismo** (por ejemplo, **Hempel**) como del **falsacionismo** (por ejemplo, **Popper**).

Método inductivo: Procedimiento científico propuesto por **Aristóteles**, quien planteaba que se debía partir de las observaciones particulares para luego llegar a principios generales desde los cuales se volvería nuevamente a observar los **fenómenos** particulares. En el MI se debe seguir el siguiente orden: **observación** y registro de los **hechos** sin ideas preconcebidas; **análisis** y clasificación de los hechos; elaboración de **hipótesis** o **leyes generales** que sirvan para todos los fenómenos del mismo tipo, por medio de **razonamientos inductivos**; **contrastación** de las generalizaciones del punto anterior mediante la **experimentación** u **observación**. En el siglo XVII, el MI fue enriquecido con los aportes de Francis **Bacon**. En el siglo XVIII, David **Hume** planteó que el MI tenía un problema (ver **problema de la inducción**): los hechos observados no son siempre la totalidad de los hechos sobre los que se habla. Por eso, Hume considera que la forma inductiva de razonar supone un salto entre las **premisas** y las **conclusiones** que no está justificado lógicamente. A pesar de que el MI dice que hay que trabajar sin ideas previas, en realidad supone que existe una regularidad de la naturaleza porque afirma que los hechos observados son iguales a los que no lo fueron y que las cosas no cambian con el tiempo (ver **principio de uniformidad de la naturaleza**). Frente a este cuestionamiento el MI ha sido defendido con el argumento de que a lo largo del tiempo ha sido funcional para la **ciencia**. Sin embargo, este argumento mismo utiliza el criterio inductivo, ya que el hecho de que haya funcionado en el pasado no significa que seguirá funcionando en el futuro. **Popper**

ha criticado al **inductivismo** diciendo que en la ciencia lo más importante no es la percepción sino la **observación**. Y esta última siempre está guiada por ideas, ya que se observa con un propósito, con un sentido y eso ya implica una idea previa. Cuando se tiene una hipótesis, por ejemplo, se observa de acuerdo con ella, de manera tal que ésta funciona como un reflector que ilumina la realidad **empírica** (ver **teoría del reflector** y **teoría del cubo**). Opuesto: **método deductivo**.

Metodología de la ciencia: Rama de la **epistemología** que estudia los procedimientos y **técnicas** empleados por la **ciencia** para acceder al **conocimiento** del mundo. Según Gregorio **Klimovsky**, la MC se diferencia de la epistemología al no cuestionar las ideas de la **comunidad científica**, interesándose sólo por desarrollar estrategias y establecer reglas para conocer más en el marco de cierto **paradigma**.

Mill, John Stuart (1806-1873): Economista y filósofo **utilitarista** inglés, impugnó al deductivismo y defendió la **inducción**.

Modelo: En **ciencias fácticas**, construcción abstracta, visión simplificada e ideal de la realidad en sus características basamentales y típicas, que sirve para estudiar las relaciones **causa-efecto** entre distintas **variables** y así poder establecer **predicciones** y medidas correctivas. Así, en las ciencias económicas el M es una descripción simplificada de una **economía** sencilla e imaginaria basada en determinados supuestos y explicada por gráficos, ecuaciones o palabras. En **ciencias formales**, el M refiere a una **interpretación** en la que todos los **axiomas** de un **sistema** son verdaderos. También puede definirse al M como la representación de la realidad a pequeña escala o como algo digno de imitación.

Modelo de cobertura legal (Carl Hempel): (*Covering law model*). Según **Hempel**, una **explicación** es científica si subsume el **hecho** explicado bajo una **ley general** o la ley explicada bajo otra ley más general que ésta. Las leyes generales pueden ser **leyes universales** o **leyes estadísticas** por lo que hay dos tipos de explicación (ver **explicación nomológico-deductiva** y **explicación inductivo-estadística**).

Modelo de explicación de cobertura legal: Ver **explicación nomológico-deductiva**.

Modus ponendo ponens: Ver *modus ponens*.

Modus ponens: (Del latín *ponere*, "afirmar"). Significa el modo que, afirmando la **premisa**, se afirma la **conclusión**. Su **forma lógica** es: Si p entonces q, p, Luego q. Por ejemplo, "Si se dan recursos para construir viviendas, se crearán fuentes de trabajo. Se están destinando recursos para construir viviendas. Por lo tanto, se crearán fuentes de trabajo". La regla del MP es: (p ⊃ q), p ∴ q.

Modus tollendo tollens: Ver *modus tollens*.

Modus tollens: (Del latín *tollere*, "negar"). Es el modo en que la **negación** de la **premisa**, niega en la **conclusión**. Su forma lógica es: Si p entonces q, no q, Luego no p. En **ciencias fácticas**, se utiliza en la **refutación** de **hipótesis** (ver **falsacionismo**). De una hipótesis se deducen las **consecuencias observacionales**, las que se someten a **contrastación experimental**. Si no se cumplen las consecuencias esperadas, se considera que la hipótesis de la que se dedujeron es falsa: por ejemplo, "Si llueve torrencialmente, la Ciudad de Buenos Aires se inunda. No se ha inundado la Ciudad de Buenos Aires. Por consiguiente, no ha llovido torrencialmente en Buenos Aires." El **antecedente** de las refutaciones científicas es por lo general una **conjunción** de muchas hipótesis, de modo que la conclusión del MT es que la conjunción entera es falsa, de lo cual se deduce que al menos uno de los **enunciados conjuntos** es falso. En el caso de que las consecuencias resultaran verdaderas, podría pensarse que las hipótesis deberían ser aceptadas como verdaderas. Sin embargo, no es así, ya que la forma de **razonamiento** que emplearíamos en ese caso sería inválida: se denomina **falacia de afirmación del consecuente**. La regla del MT es: $(p \supset q), -q \therefore -p$.

Monismo metodológico (siglo XIX →): Postura defendida por los **positivistas** que afirma que todas las **ciencias fácticas** tienen un único **método** y que las **ciencias sociales** deben seguir el método aplicado por las **ciencias naturales**. Una fuerte defensa del MM ha sido realizada por Ernest **Nagel**. El MM se opone a los teóricos de la *verstehen* y al **dualismo metodológico**.

Morris, Charles (1901-1979): Semiótico y lógico norteamericano, aportó las tres dimensiones del **signo**: la **semántica** –relación entre el signo y aquello que denota–, la **sintáctica** o **sintaxis** –relación de los signos entre sí– y la **pragmática** –relación de los signos con sus usuarios–. Entre sus obras principales encontramos a: *Fundamentos de la teoría de los signos* (1938).

N

Nagel, Ernest (1901-1985): Filósofo de la **ciencia** checoslovaco, representante del **neopositivismo** y partidario del **confirmacionismo**. En su principal obra, *La estructura de la ciencia*, defendió el **monismo metodológico**.

Naturalismo (siglo XIX): Postura filosófica que considera a los **fenómenos** del mundo natural como los únicos existentes. Para esta posición, solamente se puede conocer el conjunto de los **hechos** observables y de allí derivan la **afirmación** de que no existe otro tipo de hechos o de que carece de sentido hablar de otro tipo de entidades que las que son **objeto** de las **ciencias fácticas**. Al N se le imputa una posición reduccionista porque pretende explicar todos los fenómenos por referencia a explicaciones de **ciencia natural**. El **mecanicismo** y el **materialismo** pertenecen al N (pero no a la inversa). Opuesto: espiritualismo, platonismo.

Navaja de Ockham: Principio económico que dice que "en vano se hace con más cosas lo que puede hacerse con menos", que Guillermo de **Ockham** introdujo en la llamada **disputa de los universales** como argumento a favor del **nominalismo**.

Neguentropía: Orden, diferenciación de

elementos y predecibilidad existentes en un **sistema**. Opuesto: **entropía**.

Neodarwinismo: Ver **teoría sintética de la evolución**.

Neoevolucionismo (década de 1930): Teoría que continuó la línea del **evolucionismo**. **White** investigó, no culturas particulares, sino el desarrollo de la **cultura** humana en su conjunto en un derrotero unilineal y progresivo. El hombre usa la cultura para satisfacer sus necesidades y dominar el **hábitat** que lo condiciona. El factor que puso como motor de desarrollo es la energía. White formuló la **ley** de la **evolución** cultural, que usa para la comprensión de la **historia** una estrategia materialista cultural, en términos de energía. La evolución de la cultura es igual al análisis de **Morgan**. Con cada fuente de energía, White planteó que el hombre cambia de **estadio** -por ejemplo, cuerpo humano (**salvajismo**), cultivos y domesticación de animales (**barbarie**) y **Revolución Industrial** (**civilización**)-, a diferencia de Morgan y **Tylor** que marcaban la civilización por la cultura. Para el N, el elemento condicionante de los **sistemas** sociales es el tecnológico y la evolución social sigue a la evolución tecnológica. En una concepción **mecanicista**, Kroeber planteó la subordinación del **individuo** a su cultura, al igual que White. Pero Kroeber puso el acento en los aspectos ideales de la cultura (**filosofía**, arte, etc). Su propósito era descubrir rasgos comunes en las diferentes **sociedades** (cosa que no logró).

Neopositivismo: Ver **positivismo lógico**.

Neutralidad valorativa: Suele asociarse a la NV con la **objetividad** de la **razón** científica. El **positivismo** plantea que es posible y deseable que la **ciencia** quede al margen de los **valores**. Esta postura ha sido criticada desde el **comprensivismo**, la **filosofía** histórica de la ciencia y el **marxismo**, entre otras corrientes (ver también **juicios de valor**).

Newton, Isaac (1642-1727): Físico, matemático y astrónomo inglés, creador de la **teoría** de la gravitación universal y de las teoría de los colores (comprobación de que la luz blanca es compuesta, es decir que está formada por varios colores, cada uno de ellos determinados por diferentes partículas). Formuló las **leyes** básicas del movimiento (ver **leyes de N**). La **ley** de gravitación universal afirma que todos los cuerpos se atraen en virtud de su masa. La caída de un cuerpo, la atracción que la Tierra ejerce sobre la Luna y la que ejerce el Sol sobre los planetas son ejemplos de esta **ley universal**. Esta idea rompe con la concepción aristotélica de dos mundos: uno sublunar y otro supralunar con leyes físicas diferentes, ya que tanto en la Tierra como en el resto del universo, las leyes (en particular la ley de gravitación universal) son las mismas. Inventó además el cálculo infinitesimal (coincidiendo con **Leibniz**).

Nivel 1 (Gregorio Klimovsky): Enunciados **observacionales** o **afirmaciones** básicas de una **teoría**, que hablan de **individuos** o grupos de individuos particulares -a los que llamamos **muestra**- y de las propiedades que observamos en ellos. Se trata de **proposiciones singulares** directamente observables. Por ejemplo, "la rata recorre

el laberinto hasta encontrar el alimento."
También llamado **"base empírica"**.

Nivel 2 (Gregorio Klimovsky): Parte de una **teoría** que hace referencia a las **generalizaciones empíricas** o **enunciados empíricos generales**. Pueden ser universales, existenciales, mixtos o estadístico-probabilísticos. Se predican propiedades de todos los especímenes pasados, presentes y futuros. Los enunciados de N2 corresponden a las **leyes de la ciencia**. Según el **método inductivo**, el N2 se obtiene por **generalización** –proyección sobre todos los casos, en todo tiempo y lugar- de las observaciones efectuadas y expresadas en el **nivel 1**, llamado **"base empírica"**. Por ejemplo, "Todos los metales se dilatan con el calor".

Nivel 3 (Gregorio Klimovsky): Enunciados teóricos de una **teoría**, no susceptibles de ser directamente observados. Por ejemplo, la **ley de gravitación universal**.

Niveles de una teoría (Gregorio Klimovsky): Partes en que se puede clasificar a una **teoría** científica según la cercanía de los **enunciados** que las componen con el terreno **empírico**. **Klimovsky** reconoce tres niveles: **base empírica** o **nivel 1**, **generalizaciones empíricas** o **nivel 2** y **enunciados teóricos** o **nivel 3**.

Niveles del lenguaje: Niveles de análisis del **lenguaje**. Se distinguen el **nivel sintáctico**, el **nivel semántico** y el **nivel pragmático**.

Nominalismo (siglo XI →): Doctrina medieval que trata sobre la relación entre los **objetos** y sus nombres, que afirma que sólo tienen realidad los objetos particulares (*este* auto blanco) y no los **conceptos** generales (la *blancura*). **Filosofía metafísica** que afirma que los términos **universales** –los conceptos- no tienen entidad más que como operaciones de la mente y no como sus objetos atemporales de intelección (que es lo que sostiene el **realismo** platónico) y que dice que lo único que existe y puede percibirse realmente es un conjunto finito de casos particulares de una categoría. Abelardo (1079-1142) defendió el N sosteniendo que la realidad se conoce desde el análisis de sus partes individuales. También fue representante de esta corriente Guillermo de **Ockham**. El N enfrentó al realismo en la **disputa de los universales** y es una de las fuentes del **empirismo** y el **individualismo metodológico**.

Nomológico: Referido a **leyes** científicas.

Nomológico-deductivo: Ver **explicación nomológico-deductiva**.

Nomotético: General, aquello que es explicado en términos de **leyes** y principios generales. Opuesto: **ideográfico**.

Noseología: Ver **gnoseología**.

Noúmeno (Immanuel Kant): La realidad profunda del mundo exterior (**fenómeno**), imposible de acceder para el **conocimiento**, ya que se halla fuera de toda **experiencia** posible, y **objeto** de estudio de la **metafísica**. En este sentido, el N es equiparable a la **cosa en sí** (lo que *es* realmente) y se opone a lo fenoménico (lo que *parece*). Pero Kant por momentos distingue entre uno y el otro, siendo el

N el concepto de la cosa en sí, así como el **fenómeno** es el concepto de **apariencia.** En la tradición racionalista, N es la realidad **inteligible** o lo que es pensado, opuesto al **mundo sensible** de los fenómenos.

Núcleo central (Imre Lakatos): Parte esencial del **programa de investigación científica,** formado por las **hipótesis fundamentales,** intocables dentro del programa. El NC siempre permanece y es defendido aún con abundantes **anomalías.** Según **Lakatos,** los programas nunca son refutados, sino que sólo existe la decisión metodológico-**pragmática** de abandonarlos por otros que posean contenido **empírico** adicional. Además, el NC está rodeado de un **cinturón protector,** formado por las **hipótesis auxiliares** e **hipótesis derivadas,** que podrán ser descartadas o variadas en las sucesivas falsaciones que hagan los científicos. El NC es el conjunto de hipótesis que tienen en común todas las teorías de un programa de investigación científica.

Núcleo duro: Ver **núcleo central.**

Núcleo firme: Ver **núcleo central.**

Núcleo protector: Ver **cinturón protector.**

Núcleo tecnológico: Ver **insumo clave.**

Nueva ciencia: Expresión de **Galileo** para describir el **método científico** basado en la **observación** y **experimentación empíricas,** en contraposición con la visión medieval de la **ciencia.**

Nueva ciencia: Ver **filosofía de la ciencia.**

Nueva filosofía de la ciencia (1962 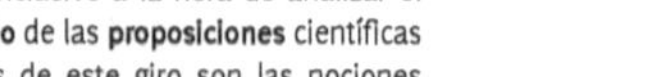): 1. Se ha llamado así (y también "filosofía histórica de la **ciencia**"), a la corriente de filósofos de la ciencia que impugnó las distinciones -realizadas por el **positivismo lógico**- entre **contexto de descubrimiento** y **contexto de justificación,** entre **proposición analítica** y **proposición sintética** y entre **términos teóricos** y **términos observacionales** y que negó la existencia de una **base empírica** neutral. De este modo, el interés por la **lógica** dejó paso al análisis de los elementos sociológicos e históricos de la ciencia. Sus principales autores fueron Stephen Toulmin, Thomas **Kuhn,** Imre **Lakatos** y Paul **Feyerabend. 2.** En general, se denomina así a la **filosofía de la ciencia** posterior a 1960, que abandonó la equiparación de las teorías científicas a **sistemas axiomáticos** que se vinculan con la realidad **empírica** a través de **reglas de correspondencia.** La primera reacción contra esta **concepción heredada** fue la de tomar las teorías científicas como **procesos** en el tiempo, inclusive a la hora de analizar el **significado** de las **proposiciones** científicas (ejemplos de este giro son las nociones de **Hempel** de **principios puente**-principios internos y más radicalmente, la conceptualización del cambio científico en las obras historicistas de los años sesenta y principios de los setenta de Kuhn, Lakatos y otros). Algo que se suele decir sobre la NFC es que ha vuelto la mirada sobre la labor efectiva de los científicos en lugar de especular desde una perspectiva primordialmente **lógica.** El **historicismo** se consolidó como disciplina bajo el nombre de **sociología de la ciencia** en los años ochenta mientras que desde la década anterior fueron revalorados los análisis formales o **semánticos** en el estudio de

las teorías. En los años ochenta se extendió la denominada **concepción semántica de las teorías**, que se caracteriza por un enfoque lógico abordado desde la perspectiva de alguna **teoría** de **modelos**. La teoría científica puede identificarse con el conjunto de los modelos que determina, es decir, las **interpretaciones** que autoriza en algún sentido (sentido que varía en los distintos autores de esta corriente).

Nuevo patrón tecnológico productivo: Denominación surgida en la década de 1990 para designar las transformaciones tecnológicas de la **producción** tras la **Tercera Revolución Industrial**. El NPTP está basado en la microelectrónica, la robótica y la **informática**.

Objetividad: Análisis de un **objeto** con la completa separación de la **subjetividad** del investigador, es decir, independiente de todo punto de vista particular. En la actualidad, se habla más de **intersubjetividad**, como acuerdo o **consenso** entre **sujetos** acerca de un objeto, en particular en el campo de la O científica.

Objetivismo: Ver **objetividad**.

Objeto: Cosa, **realidad**. Por ejemplo "el O de predicación" (aquello en el mundo de lo cual se dice que tiene alguna propiedad). También O puede ser, en **Psicología**, una cosa que no es propiamente real, sino que sólo existe en la psiquis de alguien como construcción. El O es también aquello que estudia determinada

ciencia o disciplina, también llamado O de estudio. Por otra parte, puede usarse el término O sin que eso suponga un juicio a favor o en contra de su realidad. Por ejemplo puede discutirse si los objetos de los que habla una **teoría** son partes de un **modelo ideal** o si son partes del mundo real, **objetivo**.

Observación: Utilización de los sentidos con el fin de clasificar y registrar acontecimientos o **fenómenos** para resolver un **problema** de investigación según categorías previamente establecidas (o no). El observador utiliza un **metalenguaje** para hablar de su **objeto** de estudio. Ventaja: el **conocimiento directo**. Desventaja: la posible distorsión que ocasione la presencia del observador. Hay varios tipos de O, por ejemplo, **O simple** y **O participante**. En el campo de la **epistemología**, la O es el paso inicial del **método inductivo** clásico, mientras que el llamado **inductivismo amplio**, el **falsacionismo** y otras corrientes sostienen que toda O está guiada por una **teoría**.

Observación de campo: Evaluación de un **objeto** de estudio en el lugar y condiciones naturales en el que éste se encuentre. Por ejemplo, ir a la cancha y observar el comportamiento de los hinchas o ver la ropa que usan los adolescentes en un recital.

Observación directa: Ver **observación de campo**.

Observación participante: Herramienta central de la **etnografía** que B. **Malinowski** desarrolló en su estudio de los habitantes de las islas Trobriand y que consiste en un **trabajo de campo** en el que el antropólogo estudia a una pequeña **sociedad** como unidad de análisis, conviviendo con ella y aceptando el **rol** que la **comunidad** le dé. Exige una convivencia prolongada, el dominio de la **lengua** del lugar y la participación del investigador en la **vida cotidiana** del grupo. La OP es utilizada también en **Sociología**.

Observación simple: Situación en la que un investigador observa en forma directa a su **objeto** de estudio. También llamada **observación de campo**.

Obstáculo epistemológico (Gastón Bachelard): "La relación imaginaria que el investigador mantiene con su **objeto** de estudio." Se llama *obstáculo* a esta relación porque impide que el **conocimiento** progrese, en la medida en que carga al objeto con falsas creencias o **prejuicios** que el investigador tiene y aún no ha cuestionado. Estos prejuicios son solidarios unos a otros, forman una trama coherente de opiniones o de errores primarios y debe producirse una ruptura en la trama para que podamos aceptar una nueva creencia que contradiga al error previo (a esto se llama **ruptura epistemológica**). Esta relación es una **condición necesaria** del conocimiento, es decir que todo conocimiento supone un error, porque se conoce siempre un objeto desde una **subjetividad** que lo construye y por tanto, desde otras creencias. El **conocimiento científico** se aproxima a la **verdad** sin alcanzarla nunca. Suponer que no hay en el **progreso** de la ciencia rupturas con errores previos y por tanto saltos, es suponer que los investigadores tratan con la realidad directamente y no con

objetos construidos. A esta concepción **Bachelard** opone la suya: "El **sentido** del vector epistemológico lo consideramos perfectamente nítido. Se mueve sin duda de lo **racional** a lo **real**, y de ningún modo a la inversa, de la realidad a lo general, como sostenían todos los filósofos, desde **Aristóteles** hasta **Bacon**." Tomando la terminología de **Kuhn** se puede identificar a las rupturas epistemológicas de la comunidad científica con los cambios de **paradigma**. También se puede interpretar como OE a las creencias y percepciones que tiene un científico que está trabajando con una **anomalía**. Si éste logra adaptar su **teoría** convirtiendo la anomalía en un **enigma**, ello se debe a una ruptura epistemológica que va a expresarse en las **hipótesis** modificadas.

Ockham, Guillermo de (1270-1347): Teólogo, filósofo y lógico escolástico. Fue un defensor de la separación de la **Iglesia** y el **Estado**, y discrepó con la lectura **medieval** de **Aristóteles**, razones por las que fue excomulgado. Utilizando la denominada **"navaja de Ockham"** sostuvo su **tesis** de que "no hay que multiplicar los entes sin necesidad", siendo referente del **nominalismo** en la **disputa de los universales**. Fue pionero en ideas que luego desarrollarían el **Renacimiento** y la **Reforma Protestante**.

Ontología: Estudio del **ser** o el **ente** en sí mismo, independientemente de sus modos o **fenómenos** (la **"ciencia de la esencia"**, según **Husserl**). El **término** apareció en el siglo XVII con J. Clanberg. La O de una **teoría**, sea filosófica, científica o pseudocientífica, es el conjunto de entidades que postula. Por ejemplo, el **psicoanálisis** postula un ente al que llama **inconsciente** y caracteriza con una serie de propiedades mientras que la **psicología conductista** ni se ocupa de este **objeto** ni acepta que exista tal como lo concibe el psicoanálisis, por lo que las O de estos **sistemas** son diferentes. Opuesto: **deontología**.

Operacionalismo: Corriente filosófica que afirma que el **significado** de un **concepto** es el conjunto de operaciones repetibles que deben llevarse a cabo para determinar sus casos particulares. Por ejemplo, la temperatura está dada por el procedimiento de usar un termómetro para tomar la temperatura de alguna cosa determinada. **Hempel**, en 1954, criticó a esta posición por la **vaguedad** con la que se definía el **concepto** de "operación" y dijo que una vez que se precisara la noción no iba a generar las condiciones para una definición operacional sino las de una **verificación**, semejante a la del **neopositivismo**. Sus principales representantes son P. Bridgman y H. Dingler, quienes desarrollaron en la década del ´50 el O en el campo de la física para luego extenderlo a las ciencias exactas.

Oposición: Relación entre **proposiciones** opuestas, es decir aquellas que tienen **significados** distintos a pesar de que dicen algo acerca de los mismos **predicados** o bien sobre las mismas **proposiciones**, porque combinan de manera diferentes **términos lógicos** como "algún", "todos", "no", "es necesario", "es posible", etc. Existen cuatro tipos de O: **contradicción, contrariedad, subcontrariedad** y **subalternación**.

Oración: Palabra o palabras que expresan un **sentido** gramatical completo. Al **significado** de la O se le llama **proposición** si tiene sentido decir de aquel que es verdadero o falso. Por ejemplo, el significado de "Llueve" es una proposición porque es una **O informativa** pero el significado de "Andate a dormir" no lo es, ya que se trata de una O imperativa (su función no es afirmar ni negar una proposición sino inducir a alguien a hacer algo). Dos O diferentes pueden expresar la misma proposición: "Juan ama a María" y "María es amada por Juan" afirman lo mismo. También pasa eso con *"Es regnet"* y "Llueve". Al revés, la misma oración puede expresar proposiciones diferentes: "El actual presidente es abogado", que en 1976 expresaba una proposición (falsa) y en 1989 otra (verdadera).

P

Paradigma (Thomas Kuhn): Cosmovisión del mundo, **matriz disciplinar** [(reformulación posterior dada por **Kuhn** y sustentada por Laudan)] o base sobre la que se asientan la **investigación** científica y la **ciencia normal** en cada época y lugar determinados. Un P es más amplio que una **teoría**: es un conjunto de prácticas y **conceptos** compartidos por un grupo de científicos en un momento histórico dado, en un contexto político e ideológico específico, que les permite organizar y conocer el mundo de una determinada manera. En el marco del P, los científicos que a él adhieren desarrollan la ciencia normal. Sólo la aparición de **anomalías** graves, que ponen en **crisis** al conjunto del edificio, plantean una **revolución científica**, donde un **P rival** puede desplazar al P dominante de su sitial. Son elementos de los P: 1) teorías generales que incluyen definiciones y **leyes** válidas para el P, 2) **modelos heurísticos**, es decir, modelos de cómo interpretar la realidad de tal forma que un científico pueda detectar dónde hay un **enigma** a resolver y cuáles son las soluciones aceptables para su **comunidad científica**. Estos modelos son un conjunto de **problemas** resueltos, ejemplos a partir de los cuales el estudiante adquiere la capacidad de ver situaciones como similares y, por lo tanto, resolverlas de manera parecida, 3) **valores** tales como coherencia, predictibilidad, sencillez, precisión, tenidos en cuenta a la hora de evaluar una teoría. Un P funciona como un par de anteojos especiales o como un mapa, que muestra una determinada visión de las cosas (pero que se le presenta al usuario como única): los científicos bajo un mismo P están de acuerdo acerca de cuestiones **metafísicas** (qué entidades pueden postularse y cuáles no); metodológicas, que indican cómo llevar a cabo la investigación científica; conceptuales: indican qué es un enigma y qué es un problema ajeno a la ciencia, restringen las soluciones posibles a los problemas (siempre hay varias soluciones posibles, ya que el P deja mucho para descubrir a los investigadores que hacen ciencia normal. Ellos deben encontrar alguna respuesta válida según los parámetros del P a problemas que aún no habían sido solucionados); por último, hay un acuerdo acerca de los instrumentos y de su utilización correcta. La noción de P fue abandonada por Kuhn en obras posteriores a *La estructura de las revoluciones científicas*, planteando un nuevo concepto. En I. **Lakatos**, el **programa de investigación** puede considerarse como un equivalente del P. La práctica científica que se inicia con la aceptación de la teoría de **Einstein** es un ejemplo de P.

Paradigma rival (Thomas Kuhn): **Paradigma** que surge confrontando con otro seriamente amenazado por una **crisis**. El nuevo paradigma será muy diferente del viejo e incomparable –"**inconmensurable**"– con él. Cada paradigma considerará que el mundo está formado por distintos tipos de cosas. Paradigmas diferentes considerarán lícitos o significativos distintos tipos de cuestiones y diferirán en las **normas** generales que guiarán la **ciencia normal**. Los defensores de paradigmas distintos viven en mundos distintos. Por ejemplo, las **teorías** astronómicas de **Ptolomeo** y de **Copérnico** se sucedieron provocando un cambio de paradigma, en el cual es notable la diferencia entre metodologías.

Paradoja: Del griego *parádoxa* "lo que es contrario a la opinión (*dóxa*)". Para los griegos una P era un **razonamiento** convincente que conduce a la **afirmación** de algo inaceptable. En la actualidad el **término** se utiliza para nombrar razonamientos que en algún momento tienen dos **enunciados** de la forma: $p \rightarrow \neg p$ y $\neg p \rightarrow p$, aunque también se conserva el **sentido** del término como sinónimo de "contra-intuitivo". Se ha hecho una clasificación entre P **lógicas** y P **semánticas** porque las soluciones que se dan a una P son diferentes dependiendo de que su contexto sea un **lenguaje artificial** o un

lenguaje natural. Un ejemplo de P lógica es la de la **clase** de todas las clases que no pertenecen a sí mismas. Una clase así definida, ¿pertenece a sí misma? Si pertenece a sí misma, entonces no pertenece a sí misma. Si no pertenece a sí misma, entonces pertenece a sí misma. Las soluciones a las P lógicas se resuelven eliminando del **sistema** las **fórmulas** que las provocan. Un ejemplo de P semántica es la famosa **paradoja del mentiroso:** "Esta frase es falsa" ¿es un enunciado verdadero? Si es verdadero, entonces es falso (porque lo que afirma es falso). Y si es falso, es verdadero. Este tipo de paradojas se solucionan trazando una distinción entre **lenguaje objeto** y **metalenguaje.** Una **oración** siempre pertenece a un lenguaje y se habla acerca de ella desde su metalenguaje (y acerca de este metalenguaje, desde otro metalenguaje, etc). Según A. Tarski, las expresiones "es falsa" o "es verdadera" son siempre metalingüísticas.

Paradoja de Aquiles y la tortuga (Zenón de Elea): **Paradoja** que conduce a la negación del movimiento: Aquiles no puede alcanzar nunca a una tortuga que camina por el mismo camino. Acaso uno sólo de sus largos pasos sería suficiente para llegar hasta ella, pero antes de dar el paso completo él debe recorrer la mitad de esa distancia, y antes que eso la mitad de esa mitad y así infinitamente, por lo que nunca llega y ni siquiera puede moverse. Esta paradoja puede resolverse si se acepta que -si el espacio es infinitamente divisible- también lo es el tiempo.

Paradoja del cuervo: Ver **paradojas de la confirmación cualitativa.**

Paradoja del mentiroso: Esta **paradoja semántica** ha sido reformulada de diversos modos a lo largo de la historia. Lo que tienen en común todas las formulaciones es que hay un **enunciado** que dice de sí mismo que es un enunciado falso. Por ejemplo, el enunciado "Miento", que es equivalente a "Lo que digo es falso". La **paradoja** se presenta cuando nos preguntamos por el **valor de verdad** de tal enunciado. Será verdadero si es cierto lo que dice, es decir, si es falso. Y será falso si es verdadero. La PM es un ejemplo de **autorreferencia lingüística;** la frase "Estoy mintiendo" es paradójica: si estoy mintiendo digo la verdad y si digo la verdad estoy mintiendo. La confusión proviene de la no distinción entre **lenguaje objeto** y **metalenguaje.** Al establecerse ambos **niveles del lenguaje** la PM se disuelve.

Paradojas de la confirmación cualitativa (Carl Hempel): Nos detendremos en una de las PCC más conocidas; sin embargo, **Hempel** ha desarrollado otras varias en sus estudios acerca de una **teoría** de la **confirmación** cualitativa (la cual se complementa con la confirmación cuantitativa o probabilística desarrollada por **Carnap**). Esta aparente **paradoja** es expuesta por Hempel en *Problemas recientes de la inducción.* La paradoja se genera cuando se aceptan dos **premisas:** la primera es el criterio de Nicod, que dice que una **hipótesis general** (como "todos los cuervos son negros") se ve **confirmada** por todos los **enunciados singulares** que son instancias de la hipótesis (como "Arturo es un cuervo y es negro"). En lenguaje simbólico la hipótesis se puede escribir como "(x) (Cx $\rightarrow$ Nx)" y su instanciación como "Ca . Na". Es decir que cada cuervo negro del que tomamos registro es un elemento confirmador de la hipótesis. La segunda premisa es la condición de equivalencia que dice que las expresiones lógicamente equivalentes significan la misma **proposición**. Al aceptar esta condición, resulta que nuestra hipótesis puede expresarse como (el enunciado equivalente) "Todas las cosas no negras no son cuervos" o "(x) (¬Nx → ¬Cx)". Según el criterio de Nicod las instanciaciones de este enunciado confirman la hipótesis, lo que quiere decir que cualquier cosa que veamos que no sea negra ni sea un cuervo, confirma la hipótesis de que todos los cuervos son negros ("¬Na . ¬Ca"). Esta es la conclusión antiintuitiva que se sigue de aceptar las dos **premisas** mencionadas. Según Hempel, esta consecuencia y otras similares resultan paradójicas sólo en un sentido psicológico pero no lógico. La extrañeza que producen se debe a que contradicen intuiciones previas, pero eso no significa que estas consecuencias sean incorrectas: deben ser aceptadas por quien quiera aceptar las dos premisas, y estas premisas son razonables. La condición de equivalencia dice que un elemento de **prueba** confirma una **hipótesis** (o no) según cuál sea el contenido -el **significado**- de la hipótesis, con independencia de cómo ha sido formulada. Difícilmente pueda renunciarse a esta condición. El criterio de Nicod también expresa un principio irrenunciable para el **confirmacionismo**, pero no se lo puede aplicar en todas las situaciones, ya que la expresión "(x) (Cx . ¬ Nx) → (Cx . ¬ Cx)" (léase: "Para toda cosa, si la cosa es un cuervo y no es negra, entonces es y no es un cuervo) también es equivalente a nuestra hipótesis y no puede tener casos confirmatorios como los tenían las formulaciones anteriores, ya que no puede haber algo que sea un cuervo y que no sea un cuervo. Dadas estas excepciones a la aplicabilidad del criterio, Hempel sugiere que se tome al criterio de Nicod como una **condición suficiente** pero no necesaria de la confirmación.

Paradojas de la implicación material: Las llamadas PIM son dos consecuencias acaso curiosas de la definición del **condicional material.** La primera es que cualquier **proposición** implica lógicamente a todas las **tautologías** y, en general, a cualquier **enunciado** que sea verdadero. La segunda es que un enunciado falso cualquiera, por ejemplo una **contradicción**, implica a cualquier proposición. También se sigue de la definición del condicional material que, dadas dos proposiciones cualesquiera p y q, o bien p → q o bien q → p.

Paradojas de la inducción: Ver **paradojas de la confirmación cualitativa** y **ambigüedad de la inducción.**

Paralogismo: Razonamiento falaz, sin que quien lo plantea tenga conciencia de esa incorrección (lo que lo diferencia del **sofisma**).

Pascal, Blaise (1625-1662): Matemático, físico y filósofo francés, creador del cálculo infinitesimal y del principio de hidrostática. Seguidor de **Descartes,** la **religión** ocupó un lugar muy importante en su **teoría.** Entre sus obras principales encontramos a: *Pensamientos sobre la religión* (1670).

Patrón tecnológico productivo: Forma de organización de la **producción** basado en la difusión de un nuevo **"factor llave"** o **"núcleo tecnológico"**, que produzca la consolidación de un nuevo **paradigma** tecnológico dominante y que resuelva los problemas que traban la **reproducción (ampliada)** de una **formación social.**

Popper, Karl Raimund (1902-1994): Filósofo de la **ciencia** austriaco radicado en **Inglaterra**, cabeza del **falsacionismo** o **racionalismo crítico** y figura central del **método hipotético-deductivo.** Férreo enemigo del **totalitarismo** y del **historicismo**, **marxista** en su juventud y admirador de **Freud**, rompió con ellos y se dedicó a combatirlos, argumentando que se trata de **teorías** no abiertas a la **refutación**, sino sólo a la **confirmación.** Aunque no fue miembro del **Círculo de Viena** siguió una línea semejante a la de este grupo, aunque criticó algunas de sus **tesis:** el **verificacionismo** y el **confirmacionismo**, dando su propia versión del **positivismo lógico.** Entre sus obras principales encontramos a: *La lógica de la investigación científica* (1934), *La sociedad abierta y sus enemigos* (1945) y *La miseria del historicismo* (1957).

Posibilidad: Situación de lo que puede llegar a ser (aunque aún no es). Opuesto: **imposibilidad.**

Positivismo (siglo XIX): Filosofía y **método científico** que plantea como postulados básicos: 1) que los **hechos empíricos** y la **inducción** son los únicos medios eficaces del **conocimiento**, rechazando la **metafísica** y la **teología**, 2) que las diferentes disciplinas científicas deben tener el mismo **método** más allá de que tengan diferentes **objetos (monismo metodológico)**, 3) que las **ciencias naturales** -la física matemática en especial- constituyen un **modelo** para el resto de las **ciencias**, incluidas las humanidades, 4) que la **explicación científica** consiste en encontrar **leyes** que involucren a gran cantidad de casos individuales, demostrando la **causa** de un tipo de **fenómeno** y, 5) que debe ser posible prever lo que va a ocurrir en el futuro, y para eso hacen falta fuertes leyes **generales.** Otras ideas que compartieron algunos positivistas, aunque no todos: la **modernización**, la **racionalidad**, la **razón instrumental**, la **evolución** lineal de la **sociedad**, la fe en el **progreso** en base a la innovación científica y tecnológica, el **darwinismo social** (sobrevive el más fuerte), la función civilizadora del hombre blanco (**racismo**), el no cuestionamiento del pasado (tradición) y la idea de que la sociedad debe ser mirada de la misma manera que un organismo biológico (**organicismo**). Son autores claves del P: Francis **Bacon**, David **Hume**, John S. **Mill** y Augusto **Comte.**

Positivismo lógico (1920 →): Escuela científica de los autores vinculados al **Círculo de Viena**, al Círculo de Varsovia y a las escuelas de Cambridge y Oxford. El PL enunció un conjunto de reglas de cientificidad basadas en el análisis crítico y lógico-estructural del **lenguaje** y en una actitud filosófico-empírica, conocida también como **neopositivismo** o **empirismo lógico.** Según el PL, sólo son científicos aquellos **enunciados** de los cuales puede predicarse su **verdad** o falsedad y que son empíricamente verificables, ya que el **conocimiento científico** sólo puede basarse en la **experiencia** sensible. El **conocimiento proposicional** debe ser una copia fiel de los **hechos**: las **proposiciones singulares** justifican la **afirmación** de **proposiciones generales**, a través de **derivaciones** lógicas **inductivas** (de "Juan es mortal", "José es mortal" y "María es mortal", surge "todos los hombres son mortales"). La fuente del conocimiento son las sensaciones que captan hechos materiales singulares. Las proposiciones con **sentido** son las que se pueden verificar y están construidas de acuerdo a las reglas **semánticas** y **sintácticas** del **lenguaje.** Los positivistas lógicos dividieron a las ciencias en **ciencias formales** y **ciencias fácticas**, y distinguieron el **contexto de descubrimiento** y el **contexto de justificación** de las **teorías**, poniendo toda la importancia en éste último. El PL reduce el conocimiento humano relevante a aquel que tiene su origen en lo **empírico**; pretende reducir la diversidad metodológica a la unidad (**monismo metodológico**); reduce la **racionalidad** a la **ciencia**; y reduce el **método** científico al análisis lógico y a la contrastación o puesta a **prueba** empírica de las teorías. Entre sus principales pensadores se destacan Alfred Ayer, Carl **Hempel** y Rudolf **Carnap.**

Post hoc: Expresión latina que refiere a una **explicación** de un **hecho** o **hipótesis** que predice un hecho, pero que fue agregada después de que el hecho ocurriera o después de que fuera predicho por otra **teoría**, porque la teoría a la que se agregó la hipótesis PH no podía predecir el hecho en cuestión sin esta hipótesis.

Postulado (Euclides): En la Antigüedad, **proposición** que se presupone verdadera, pero de la cual puede dudarse, a diferencia del **axioma** cuya **verdad** es indudable. En la actualidad ya no se distingue entre uno y otro porque el criterio de indubitabilidad resulta excesivamente impreciso (los axiomas no tienen que ser evidentes y por lo tanto desaparece la distinción) diferenciándose por su **función** en un **sistema axiomático**: se los toma como verdaderos y lo que se pueda derivar de ellos sin el auxilio de ninguna **premisa** adicional es un **teorema** del sistema. En el caso de un **sistema formal** (que no está interpretado y por tanto sus **fórmulas** no tienen **valores de verdad**) la definición de P recoge únicamente sus propiedades **sintácticas**, a saber, su ya mencionado rol en la demostración de los teoremas. Dada esta última definición podemos decir que hay interpretaciones de un sistema en las que los P o axiomas no son verdaderos y en esos casos la **interpretación** no es un **modelo** del sistema. También llamado **principio geométrico**. Opuesto: **premisa**.

Postulados euclidianos (Euclides): Los PE son cinco: 1- Desde cualquier punto a cualquier otro se puede trazar una recta, 2- Toda recta limitada puede prolongarse indefinidamente en la misma dirección, 3- Con cualquier centro y cualquier radio se puede trazar una circunferencia, 4- Todos los ángulos rectos son iguales entre sí, 5- Por un punto exterior a una recta se puede trazar una y sólo una paralela a dicha recta. Mediante **axiomas, postulados** y definiciones, el método de **Euclides** demostró **proposiciones** o **teoremas** de la geometría. Este **método** (llamado a veces *método geométrico* en honor a Euclides) se convirtió en **paradigma** del **método científico**. Su origen se remonta a **Aristóteles** quien explicitó las reglas que lo definen.

Pragmática (Charles Morris): Parte de la **semiótica** que estudia las relaciones entre los **signos** y sus intérpretes y usuarios, los elementos de un **lenguaje**, y los **sujetos** que emplean ese lenguaje como medio de **comunicación**. También la P puede definirse como la rama de la **lingüística** que analiza los usos del lenguaje.

Pragmatismo (EE.UU., 1872 →): Filosofía utilitarista que sostiene que la **verdad** del **conocimiento** está en sus **efectos** prácticos, es decir, en su **utilidad** y posibilidad de llevarse a la **acción**. Por ejemplo, "Dios existe" es verdadera para alguien que encuentre satisfacción espiritual en esa creencia, según señala W. James. El P se vincula con el **positivismo** y el **empirismo** y se opone al **racionalismo**. Principales representantes: Charles S. **Peirce**, William James, John **Dewey** y en la actualidad Richard Rorty.

Preciencia (Thomas Kuhn): Etapa del desarrollo científico que se caracteriza por el desacuerdo y debate de lo fundamental, de los supuestos básicos de una disciplina científica, lo cual impide un trabajo detallado y unívoco (lo que caracteriza a la **ciencia normal**). Como aún no se ha impuesto por primera vez un **paradigma** dominante, en esta etapa los investigadores tienen **teorías** rivales y no tienen pautas e **hipótesis** básicas en común: cada uno trabaja en sus propios problemas, con sus propios métodos y conceptos. **Kuhn** sostiene que sin un paradigma que preceda y guíe todas las investigaciones y **observaciones**, no es

posible hablar de **ciencia**.

Predicado: Uno de los **términos** que forman una **proposición**, junto con el **sujeto**, o lo que se enuncia o dice de un sujeto. Conjunto de elementos de una **oración** agrupados alrededor de un verbo o "núcleo del P", que equivale en su número y persona al núcleo del sujeto. Si el sujeto es aquello de lo que se habla, el P es lo que se dice de aquel.

Predicción: Según **Hempel**, la P **nomológico-deductiva** es igual a la **explicación** salvo porque el *explanandum* de la explicación es un **hecho** conocido o se lo supone verdadero mientras que el de la P no. Comúnmente se dice que la P se caracteriza por anticipar un hecho aún no ocurrido, pero esto no es correcto según el uso que se hace del **término** en **filosofía de la ciencia**. Se llama P a un hecho que, según una serie de **hipótesis** y **condiciones iniciales**, ha sucedido, está sucediendo u ocurrirá en el futuro. Por ejemplo se dice que una **teoría** es mala porque no predice ciertos hechos que han sucedido y lo que se está indicando es que esos hechos no se deducen de la teoría, que para ella no están previstos. Y en ese caso, diría **Kuhn**, los hechos en cuestión constituyen una **anomalía** para esa teoría. Además es frecuente que se hable de P de hechos pasados y desconocidos (P a la que también se llama **retrodicción**) y de hechos que no se pueden conocer porque la **tecnología** es insuficiente o que, eventualmente, habrán sucedido en alguna otra galaxia.

Predicción suicida (Ernest Nagel): Pronóstico correcto que al ser difundido no se

cumple. El **conocimiento** que la gente tiene de una **predicción** puede modificar su **conducta**, de manera que la predicción no se cumpla. Por ejemplo, si se predice una **recesión** económica, los comerciantes pueden bajar los **precios**, evitando que se produzca el descenso esperado en el nivel de actividad.

Pregnancia: Equilibrio o buena organización del **conocimiento**.

Premisa: Proposición que se usa como base de un **razonamiento**, es decir que no hay una pretensión de que esté fundamentada lógicamente en otra proposición del mismo (en esto se distingue de la **conclusión**) ni efectivamente está fundamentada en una proposición previa (en esto se distingue de "conclusiones preliminares" que se deducen de las P con el fin de mostrar la verdad de la última proposición, la conclusión, que no son P en sentido propio sino pasos necesarios para llegar a la conclusión en algunos razonamientos largos). Cada una de las dos primeras proposiciones de un **silogismo**, de las cuales se infiere una conclusión. En un **sistema axiomático** una P es una **fórmula** que está en una **derivación** tal que ni es un **axioma** del sistema ni está justificada su aparición por **una regla de inferencia** y fórmulas anteriores de esa derivación. También llamada **supuesto**.

Premisa condicional: Ver **implicación material**.

Premisa mayor: Premisa de un **silogismo** que contiene al **término mayor**.

Premisa menor: Premisa de un **silogismo** que contiene al **término menor**.

Prescripción: Relato de lo que algo debe ser o de lo que debe hacerse, en contraposición a la **descripción**, que habla de lo que algo es o de lo que efectivamente se hace.

Preteórico: Un **concepto** es P si proviene del **sentido común**, del **saber** adquirido con imprecisión y -si se está hablando de una **teoría** nueva que alguien va a construir- las nociones P son aquellas que se intentarán plasmar en la teoría o que no están en la teoría pero que ayudan a comprenderla porque hablan acerca de la misma cosa. Por ejemplo, alguien va a su primera clase de física y ve una enorme ecuación de la velocidad en el pizarrón, que no comprende. Entonces se dice a sí mismo, para no entrar en pánico, que él algo sabe sobre la velocidad: sabe lo que es la velocidad de un auto, sabe que es una relación entre espacio recorrido y tiempo, sabe que la velocidad rara vez es constante, etc; y que de alguna manera esa ecuación refiere a esos factores y a algunos otros que tratará de comprender a lo largo de la clase.

Prigogine, Ilya (1917-2003): Físico y químico belga de origen ruso, premio Nobel de Química en 1977 por sus **teorías** sobre la termodinámica del no equilibrio y el descubrimiento de las **estructuras** disipativas (estructuras que mantienen su organización debido a un intercambio de materia y energía con el medio).

Principio de contradicción: Ver **principio de no contradicción**.

Principio de identidad: "Todo **objeto** es idéntico a sí mismo". Principio de la **lógica clásica** que plantea que si un **enunciado** es verdadero, es verdadero: "A = A", "Si p entonces p" (p ⊃ p); y también "p equivale a p". Es decir que, "Si una **proposición** es verdadera, entonces es verdadera, y si es falsa, entonces es falsa", lo que es lo mismo que decir: "Toda proposición es equivalente a sí misma".

Principio de inducción: El PI sostiene que -en toda ocasión en que dispongamos de una **generalización**, de la cual tenemos un número suficientemente grande de casos verificados y ningún caso refutado- puede darse a la **conclusión** general el carácter de **proposición** verificada. Es "la **premisa** que falta" en una **inducción** para que sea una **deducción**. Llamado por algunos autores "**principio de legalidad natural**", plantea que el universo está regido por **leyes** estrictas de modo tal que todo acontecimiento observable es un caso o ejemplo de una **regularidad** universal. Se trata de postular un principio universalmente válido que permita justificar lógicamente el resto de las verdades científicas obtenidas por **generalización inductiva**. Las críticas contra las posturas inductivistas se pueden resumir en la postura que señala la imposibilidad de justificar un PI como el propuesto: habría que recurrir a la inducción para justificar el PI, el que fue introducido para tratar de justificar a la inducción. Se trata de un círculo lógico (ver **regresión al infinito** y **círculo vicioso**).

Principio de la tenacidad: Ver **estratagemas inmunizadoras**.

Principio de legalidad natural: Ver **principio de inducción**.

Principio de no contradicción: "Es imposible que una cosa sea y no sea." Principio de la **lógica clásica** que afirma que ningún **enunciado** puede ser verdadero y falso a la vez: "no es verdad que A y ¬ A", "no (p y no p)" o ¬ (p . ¬p). Es decir, "Si una **proposición** "p" es verdadera, su negación "no p" es falsa; y si "p" es falsa, su negación "no p" es verdadera." Así, el PNC niega la **inconsistencia**.

Principio de Ockham: Ver **navaja de Ockham**.

Principio de racionalidad: Principio que sostiene que los **individuos** actúan racionalmente, tratando de maximizar la obtención de sus metas. Se basa en la **racionalidad instrumental**.

Principio de refutabilidad (Karl Popper): Principio que plantea que una **hipótesis** puede ser considerada científica en función de que sea posible, al menos en principio, su **falsación** a través de su puesta a **prueba** o **contrastación**.

Principio de uniformidad de la naturaleza (inductivismo): El PUN sostiene que todo lo que pasó en el pasado volverá a pasar, porque la naturaleza se comporta siempre igual. Argumento fundamental de los **inductivistas**, este principio establece que la naturaleza es estable y que sus **fenómenos** se reiteran indefinidamente porque están regidos por **leyes** constantes. Los anti-inductivistas han planteado a partir del PUN el llamado **problema de la inducción**.

Principio de utilidad (Jeremy Bentham): Cualidad que tienen los **objetos** para producir placer e impedir el dolor. El PU fue fundamental en el pensamiento de los **neoclásicos**.

Principio de verificación: Ver **verificabilidad**.

Principio de verificabilidad del significado (positivismo lógico): Este principio estipula que todas las **proposiciones sintéticas** (referidas al mundo sensible) son ciertas -si es que lo son- en virtud de la **experiencia** práctica. Y son significativas **si y sólo si** son susceptibles, al menos en principio, de **contrastación empírica**. En la práctica, el PVS generó una profunda desconfianza respecto del uso en las **teorías** científicas de **conceptos** no observables, tales como el espacio absoluto y el tiempo absoluto de la mecánica newtoniana, los electrones de la física de partículas o la **selección natural** de la **teoría de la evolución**. **Popper** rechazó este intento de demarcación científica entre lo significativo y lo que carece de **significado** y propuso un nuevo **criterio de demarcación**, entre lo que tiene significado científico y lo que tiene significado **metafísico**: "ciencia" es el cuerpo de **proposiciones sintéticas** acerca del mundo real, que es susceptible -al menos en principio- de **falsación** por medio de la **observación** empírica (ver **criterio verificacionista del significado**).

Principio del tercero excluido: "Una cosa, o bien tiene una propiedad o no la tiene, y no existe una tercera posibilidad." Principio de la **lógica clásica** que plantea que un **enunciado** o es verdadero o es falso: "A es o A no es." Es decir, que todas las **proposiciones** de la forma "(p o no p)" o (p v ¬p) son verdaderas, por ejemplo, "llueve o no llueve." O una cosa o la otra, no hay una tercera posibilidad.

Principios geométricos: Ver **postulado**.

Principios lógicos: Son llamados por **Aristóteles** principios de la demostración o **axiomas** y sirven para convalidar las demostraciones científicas. Según Aristóteles, estos principios son indemostrables porque si se los quisiese demostrar, en vez de tomarlos como punto de partida de la demostración, se caería en una **regresión al infinito**. Para la **lógica aristotélica**, los PL fundamentales son tres: **principio de identidad, principio de no contradicción** y **principio del tercero excluido**. La **lógica moderna** ha comprobado que los PL (llamados también **leyes lógicas, verdades lógicas** o **tautologías**) son incontables. Además, ya no se los considera indemostrables de manera absoluta; para la lógica moderna, lo que es un principio (**proposición** no demostrada) en un sistema **deductivo**, pueden pasar a ser un **teorema** (proposición demostrada) en otro **sistema**.

Principios puente (Carl Hempel): Hempel introduce esta noción en un contexto en el que está criticando el enfoque de análisis de **teorías** como **sistemas axiomáticos**. Estos sistemas tienen un **cálculo** y una **interpretación**, y el mencionado enfoque atribuía a la interpretación la tarea de vincular la teoría con el mundo **empírico**. Para Hempel, en cambio, una teoría debe entenderse como el conjunto de **proposiciones** dado por: principios internos más los PP más las consecuencias lógicas que se sigan de los dos primeros. Los principios internos son las **hipótesis** centrales de la teoría, la novedad que la teoría introduce respecto de teorías previas, y postulan las entidades básicas y las **leyes**. Los PP relacionan esas entidades y leyes con los **fenómenos** que la teoría pretende explicar y con fenómenos previamente examinados científicamente. El vocabulario de los principios internos es teórico (especialmente introducido) mientras que el de los PP es teórico y **preteórico**, y puede incluir muchos elementos de otra teoría previa (por ejemplo, los principios para la medición de longitudes de onda ópticas son nociones preteóricas para la teoría del átomo de hidrógeno de Bohr). Así es que el **significado** de los **términos** nuevos es accesible por medio de términos ya conocidos de teorías previas. Pero los **conceptos** viejos no pueden definir por completo a los nuevos (sino, no haría falta introducirlos), así que, argumenta Hempel, el significado de los términos nuevos se termina de definir con ciertas prácticas científicas, mediante ejemplos, paráfrasis, etc. Además, siempre hay dudas sobre el uso apropiado de los términos que más entendemos: los conceptos teóricos son adaptables.

Probabilidad (inductivismo amplio): Cuando se habla de que un **hecho** es muy probable implícitamente se está diciendo que la P de que el hecho (o de que sea verdadero el **enunciado** que lo describe) ocurra es alta en relación con la evidencia disponible. La P es una relación **lógica** entre proposiciones, es probable en cierta medida que la **proposición** p sea verdadera, dada la **verdad** de otras proposiciones, q y r, llamadas **premisas**. La reformulación del **inductivismo** clásico o **inductivismo ingenuo** por parte del **positivismo lógico** (R. **Carnap**), con el fin de superar las limitaciones del **verificacionismo** (ver) incluye la **tesis** de que ciertos **enunciados observacionales** confirman una **hipótesis** en cierta medida y que esa medida puede expresarse en términos de probabilidad. En otro sentido, la P es una parte de la matemática: la **teoría** de la P es una teoría matemática axiomatizada y los valores de probabilidad son números reales entre 0 y 1 (los **confirmacionistas** utilizan esta herramienta matemática). Opuesto: **improbabilidad.**

Probabilismo: Posición **epistemológica** que sostiene que no es posible probar o justificar de manera definitiva la **verdad** de las **teorías** –posición defendida por el **justificacionismo** o **verificacionismo**-, pero sí es posible confirmarlas, es decir, dar **pruebas** que aumentan su **probabilidad** de ser verdaderas. Son partidarios del P, el **empirismo lógico** y el **confirmacionismo.** Exponentes: R. **Carnap** y C. **Hempel.**

Problema: Cuestión no resuelta que sirve como punto de partida en una **investigación** científica. Un P supone un interrogante que hay que resolver, siendo las **hipótesis** científicas respuestas posibles a ese P.

Problema de Hume: Ver **problema de la inducción.**

Problema de la inducción (David Hume, 1739): También llamado "**problema de**

Hume", consiste en la dificultad para justificar la **verdad** de las **conclusiones** universales obtenidas por **inducción**, a partir de **premisas singulares** dependientes de la **experiencia**. Según **Hume**, la **justificación** de una **proposición** cualquiera debe mostrar que la misma es o bien una *verdad de razón* como es el caso de las **afirmaciones** de la matemática y la **lógica** (mediante un argumento **deductivo**), o bien una verdad de **hecho**, es decir, **empírica**, que se justifica a través de las impresiones sensibles correspondientes. Cuando el autor se ocupa de la justificación o **validez** de los **razonamientos inductivos**, dice que no se fundan ni en la razón -ya que no son deductivos- ni en los hechos -ya que no hay una impresión de los sentidos que nos permita afirmar que lo que ocurrió en el pasado seguirá ocurriendo en el futuro-. La conclusión de Hume es que el **principio de uniformidad de la naturaleza** no está justificado, no es verdadero, sino que es una entidad psicológica: es un hábito o costumbre que nos impulsa a esperar que se repitan ciertas **regularidades** y que carece de fundamento, con lo que caemos en una **regresión al infinito** (se explica una inducción con otra inducción y así sucesivamente). Frente al PI fueron propuestas dos grandes teorías: para el **inductivismo**, la validez de las generalizaciones inductivas descansa en la legitimidad del principio general llamado **principio de inducción**, que hace del razonamiento inductivo una **deducción**. El **método hipotético-deductivo** hace caso omiso del PI, relegándolo a la faz **subjetiva** de la investigación científica, donde no hay **prescripciones** para la producción o el hallazgo de nuevas ideas. **Popper** sostiene que una **hipótesis** o suposición científica no es el resultado de una inducción. Sostiene que no se parte de casos individuales para luego llegar a una **generalización inductiva**; sino que se parte de la formulación de una hipótesis y luego se deducen de ella consecuencias directamente contrastables por la experiencia. De este modo, la **teoría** siempre precede a la **observación**. Por su parte, el llamado **inductivismo amplio** planteó, no ya la demostración de una verdad definitiva (**verificacionismo**) sino sólo la **probabilidad** de esa verdad (**confirmacionismo**).

Problema de los universales: Ver **disputa de los universales.**

Proceso: Cualquier fenómeno que presenta una continua modificación a través del tiempo. Encadenamiento y continuidad de los sucesos, fases sucesivas de un **fenómeno** o **sistema** cuyos cambios dependen del tiempo (los sistemas que son independientes del tiempo se llaman estacionarios).

Profecía autorrealizadora (Ernest Nagel): Pronóstico incorrecto, pero que se concreta al ser difundido. La **predicción** no es cierta en el momento en que se la da a conocer, pero la gente modifica su conducta y entonces el **fenómeno** pronosticado se produce. Por ejemplo, si se quiere hacer quebrar un **banco** que funciona bien, se hace correr el rumor de que ese banco va a quebrar: la gente retira sus **depósitos** y el banco efectivamente quiebra.

Prognosis: **Predicción** científica. **Conocimiento** anticipado de lo que sucederá sobre la base de una fundamentación científica, lo que permite un control y un dominio sobre la naturaleza. Se distingue, en este sentido, de otro tipo de anticipaciones, como la profecía (vinculada a la **religión**) o la **utopía** (como futuro deseable).

Programa de investigación científica (Imre Lakatos): Lakatos llama PIC a una sucesión de **teorías** que comparten hipótesis fundamentales o un **núcleo firme**. Cada una de esas teorías tiene un **cinturón protector**, que es un conjunto de hipótesis auxiliares que se van modificando en función de las sucesivas **contrastaciones** con el fin de que éstas no entren en contradicción con el núcleo firme (cada modificación del cinturón protector da lugar a una teoría nueva de la secuencia). Con el PIC, Lakatos buscó corregir las limitaciones que observaba en el llamado **falsacionismo dogmático**, el cual plantea que un único **dato** adverso refuta a una teoría en forma definitiva. Lakatos plantea que, por ejemplo, de haberse aplicado un **refutacionismo** extremo, la penicilina se habría desechado como curadora de infecciones: las primeras aplicaciones de penicilina no curaron a los enfermos pero no porque la medicación no sirviera sino porque las dosis eran insuficientes. Según Lakatos, algunos planteos de **Popper** fuerzan la eliminación de hipótesis fundamentales demasiado fácilmente. En el ejemplo de la penicilina, lo que se había refutado era una **hipótesis auxiliar** (algo así como "Una dosis pequeña de penicilina cura infecciones") y no la **hipótesis fundamental** ("La penicilina cura infecciones"). De este modo, con un PIC, lo que queda refutada es una parte del cinturón pro-

tector, pero el núcleo firme (el hecho de que la penicilina cura infecciones) sigue en pie. Además el PIC incluye un conjunto de creencias o **hipótesis** que indican cuál es el modo correcto de modificar las hipótesis auxiliares y dan determinadas instrucciones sobre lo que se hará en el curso de una investigación para aumentar el **contenido empírico** del PIC (**heurística positiva**). Los PIC determinan la elección de los **objetos** de estudio y los **problemas** que deben plantearse, en función de la capacidad del programa para explicar la realidad.

Progreso (positivismo, siglo XIX): Concepción optimista acerca del avance indefinido y lineal del control del hombre sobre el mundo. El **término** expresa la **ideología** del **capitalismo** industrial, que expone el P de una **cultura** (la europea) y de una **clase social** (la **burguesía**) como si fuera el P de toda la Humanidad.

Progreso científico: Según el **inductivismo**, el PC es lineal, ascendente, continuo y acumulativo, y permite descubrir nuevas **leyes** y nuevos **hechos**. Para **Popper**, el PC es un acercamiento a la **verdad** (a la que nunca se llega) por la negativa: se aprende con el ensayo y el error. Progresar es demostrar la falsedad de **hipótesis** que se abandonan para dar paso a la siguiente, en un ascenso continuo. En **Kuhn**, hay un PC acumulativo en el marco de la **ciencia normal**, pero no existe progreso acumulativo alguno cuando se salta de un **paradigma** a otro. No existe el progreso continuo. Sólo se dispone de una herramienta de **trabajo** mejor, pero nada nuevo se descubre ni hay un acercamiento a la verdad. Para **Feyerabend**,

la **ciencia** experimenta cambios, pero niega la noción de PC.

Progreso de la ciencia: Ver **progreso científico**.

Progreso indefinido: Ver **progreso**.

Propiedad disposicional: Una PD describe una **regularidad** de una cosa del siguiente tipo: si esa cosa se expone a la situación o factor C, le sucederá E, es decir, indica su disposición a reaccionar del modo E frente a C. Por ejemplo, la propiedad "ser combustible" es una PD que se puede definir como "si se le acercara fuego, ardería".

Proposición: Enunciado que describe un **estado de cosas (función informativa)** en forma de **afirmación** o **negación** y del que tiene sentido establecer su **verdad** o falsedad. La P es el **significado** que tiene una **oración** informativa. Es una de las tres **estructuras lógicas** junto con los **términos** y los **razonamientos**. (Para ver una completa clasificación de proposiciones, ver el Diccionario Básico de Lógica).

Prueba: Elemento del **saber proposional** que otorga un fundamento para creer en la **verdad** de una **proposición**. Probar consiste en demostrar que lo afirmado es una consecuencia lógica de los principios o **axiomas**.

Prueba concluyente: Prueba fáctica que establece en forma definitiva la **verdad** de una **hipótesis** científica. La existencia de PC sólo es sostenida por la corriente **verificacionista**, siendo rechazada por el **confirmacionismo** y el **refutacionismo**.

También se llama PC a las pruebas deductivas de las disciplinas formales.

Prueba empírica: Ver **prueba fáctica**.

Prueba fáctica: Datos que dan respaldo a una **hipótesis** que habla sobre cierta porción de la realidad y que pueden obtenerse mediante la **observación** o la **experimentación**. También llamada **prueba empírica**.

Prueba formal: Consiste en mostrar cómo se deduce (ver **deducción**) la **afirmación** que queremos sostener desde principios previamente aceptados.

Pseudo-ciencia: Hipótesis o **teoría** que pretende ser científica y no lo es respecto de algún criterio o definición de lo que se entiende por "científico". K. **Popper** señala que el criterio de demarcación para determinar si una hipótesis o teoría es científica se basa en su **falsabilidad**, esto es, en la existencia de **enunciados** derivados de ellas que puedan contrastarse para intentar su **refutación**. Desde este punto de vista, la astrología, por ejemplo, sería una P. Otro ejemplo histórico de un **criterio de demarcación científica** es el del **verificacionismo** (ver **criterio verificacionista del significado**).

Pseudo-hipótesis: Hipótesis de la cual no pueden derivarse **consecuencias observacionales** o **implicaciones contrastadoras**, de modo que no es posible determinar empíricamente su **verdad** o falsedad. Se dice que es una P porque no tiene contenido **empírico**. Por ejemplo "Tauro es un signo zodiacal de personas muy tercas" es una P porque pertenece a una

(pseudo) teoría que carece de **hipótesis auxiliares** que permitan deducir una consecuencia contrastadora como "Si un hombre es de Tauro, será terco" y que en cambio tiene todo tipo de hipótesis que la protegen de una **refutación** (como por ejemplo: "Toda persona que tenga en su carta astral algún planeta en Tauro –casi todo el mundo- tendrá propiedades de Tauro", "Toda persona de Tauro que tenga algún planeta en otro signo, presentará propiedades de los otros signos", etc).

Pseudo-proposición: Fórmula o expresión lingüística que carece de **significado**. Según el **positivismo lógico** son P las **proposiciones** que tienen una palabra a la que se le supuso un significado equivocado, ya que no tiene un denotado experiencial (un ejemplo real), como "la nada", "Dios", "**esencia**", "espíritu", etc. También se refiere a las palabras que fueron conectadas de un modo contrario a las reglas de la **semántica**, como "Pedro es múltiplo de 2".

Ptolomeo, Claudio (100-178): Astrónomo, matemático y geógrafo griego, defensor de la **Teoría geocéntrica**, que afirmaba que la Tierra estaba inmóvil y era el centro del universo. Inventor del astrolabio, P sistematizó esta **teoría** iniciada por **Aristóteles**, mediante cálculos matemáticos para predecir las órbitas de los planetas (que se creía eran circulares) en cada época del año. Sin embargo, en sus observaciones vio que algunos planetas, como Marte, en un lapso retrocedían un poco para luego retomar su órbita. Entonces reformuló su teoría diciendo que estos planetas describían pequeñas órbitas llamadas "epiciclos" (como rulos: el

epiciclo es una sub-órbita circular sobre un punto que, a su vez, describe una órbita circular alrededor de la Tierra). Su teoría –sintetizada en el Almagesto- fue rechazada en el siglo XVI por N. **Copérnico** y en el siglo XVII -con los trabajos de **Galileo** y de **Kepler**- fue definitivamente abandonada.

R

Racionalidad instrumental: Ver **razón instrumental**.

Racionalismo: Postura filosófica que confía en que la **razón** explica al universo, lo domina, lo prevé, pudiendo conocerse las **causas** últimas de las cosas. Los supuestos básicos del R en metaciencia o **filosofía de la ciencia** son: que la **teoría** es más importante que la **observación** y la **experiencia** y que los **enunciados observacionales** no son la base segura para el **conocimiento** porque son posibles dentro de las teorías y –por lo tanto- son tan falibles como éstas. El R ve una naturaleza ordenada racionalmente, cuya **estructura** puede ser descubierta por la razón y el **modelo** matemático, que parte de ciertos principios universales para extraer de ellos toda la **verdad** que encierran. En este sentido, todo **conocimiento** cierto es *a priori* y evidente y proviene de la **deducción lógica** racional, utilizando **proposiciones analíticas**. Aunque el **idealismo** de **Platón** y **Parménides** es considerado un antecedente del R, el **término** se aplica a los filósofos modernos, como **Leibniz**, **Spinoza** y **Descartes**. Éste afirmó los dos grandes **axiomas** de esta

escuela: el predominio de la razón (las **ideas** innatas son la única base segura del saber) y la invariabilidad de las **leyes** naturales. Opuesto: **empirismo**.

Racionalismo crítico (Karl Popper, 1934 **):** Corriente que aunque reivindica los procesos de **deducción lógica** propios del **racionalismo**, abandona el interés por la cuestión del origen del **conocimiento científico** centrándose en su fundamentación y legitimidad. Nombre que adopta el **falsacionismo**. Se trata de un **racionalismo** de base deductiva, pero con la intervención de la **experiencia**. Fue un discípulo de **Popper** –Alan Musgrave– quien estableció que es razonable aceptar como verdadera a la **hipótesis** mejor corroborada, aquella que mejor resistió la crítica, es decir aquella que salió airosa de los intentos de **refutación**.

Razón: 1. Facultad mental distintiva de los humanos que nos permite conocer lo general o universal. **2.** Fundamento, **causa, principio** que explica por qué algo es como es. **3.** El correlato **ontológico** de la **explicación**, es decir, cierto ordenamiento constitutivo de la realidad. **4.** En ocasiones se habla de R indicando a la vez los últimos dos sentidos. **5.** En la Edad Media la R se distinguía de la fe y era una discusión frecuente la de cuál de las dos facultades era más importante. Hay autores que sostuvieron que la R se subordinaba a la fe, otros lo inverso, otros que había entre ambas un equilibrio y que se complementaban en el acceso a la **verdad** y otros postularon una separación entre ambas (doctrina de la doble verdad). En líneas generales, se entiende que el **objeto** de la R es el **conocimiento** mientras que el de la fe es la verdad o realidad a la que se accede por la lectura de los Evangelios, el diálogo con Dios, bajo el supuesto, a veces, de que no siempre pueden darse explicaciones de por qué las cosas son como son y que sin embargo hay alguna captación de cómo son las cosas. **6.** En la Modernidad la R se independiza de la fe, pueden distinguirse las versiones del **racionalismo** y del **empirismo** acerca de la naturaleza de la R como facultad y como su objeto (ver). **7.** Para **Kant**, la R es la facultad que proporciona los principios del conocimiento *a priori*. Se distingue del **entendimiento** que es la actividad mental que ordena los **datos** de la sensibilidad por las categorías, mientras que la R hace la síntesis de los conocimientos del entendimiento construyendo **ideas** trascendentes. Distingue la R **teórica** o **especulativa** vinculada a los principios *a priori* del conocimiento, de la **R práctica** vinculada a los principios *a priori* de la acción. La R en un sentido amplio se opone a la **experiencia**, mientras que la R diferenciable del entendimiento se llama propiamente R **pura. 8.** Para **Hegel**, la R nos permite alcanzar el absoluto, porque aprehende las cosas en su totalidad. Así -ante el **entendimiento** que separa y opone- la R une en una totalidad concreta. La R deviene y transita varios estadios en un desenvolvimiento dialéctico que culmina con la identificación entre R y realidad.

Razón instrumental: La RI se ocupa de guiar la acción por el camino más deseable en relación a algún fin. Es decir, establece los medios para lograr cierto objetivo, a la luz del **conocimiento** de la realidad o de **hipótesis** acerca de la realidad

y es considerada a veces como la **causa** de la **acción** humana. Por lo general y desde **Aristóteles**, la RI que acompaña a cierta acción produce o implica un **razonamiento** cuyas **premisas** contemplan el fin de la acción y un **estado de cosas** que indica los medios apropiados para la realización del fin y cuya **conclusión** es la acción misma. Según esta concepción, la acción impulsiva que no supone un razonamiento de este tipo no es acción racional y por tanto no involucra a la RI o **razón práctica**. Algunos autores llaman RI a la **idiosincrasia** típica de la racionalidad científico-técnica de la **sociedad** industrial moderna, que busca los medios para llegar a un fin, sin cuestionarse esos fines. Por ejemplo, se le critica a la RI haber generado las condiciones para que la **ciencia** colabore en la creación de armas nucleares.

Razón práctica: 1. Ver **razón instrumental. 2.** La RP para **Aristóteles** siempre tendía al Bien, porque todas las personas que realizaban alguna acción la emprendían para obtener algún bien, por lo que el fin supremo de la **razón** en sí misma debería ser el Bien absoluto. Por este motivo, la RP necesitaba del espacio de la *Polis* para desarrollarse e implementar esta tendencia al bien. **3.** En **Kant**, la RP proporciona los principios del conocimiento *a priori* de la **acción**.

Razonamiento: El R es una de las tres **estructuras** lógicas junto con las **proposiciones** y los **términos**. Se llama R tanto a cierto **proceso** psicológico de pensar como a su producto (al que generalmente se concibe como una serie de proposiciones expresables en un **lenguaje**). Las proposiciones tienen entre sí una relación: se supone que la **verdad** de algunas de ellas (las **premisas**) proporciona buenas razones para creer en la verdad de una en particular (la **conclusión**). Hay diferentes criterios con los que se puede establecer qué es dar buenas razones. La **lógica** tiene el criterio más exigente, que establece que un R es correcto o válido cuando es deductivo (ver **deducción**). El orden de las premisas y la conclusión dentro de un R es completamente variable: ambas pueden estar al inicio, en el medio o al final, salvo en los casos en los que se usan **lenguajes artificiales** porque se adoptó la convención de que la conclusión es la última fórmula de una secuencia o en los casos en los que las **fórmulas** justificadoras van antes que las justificadas. **El lenguaje natural**, en cambio, indica este orden lógico por medio de **expresiones derivativas**. Cuando se abstraen los **significados** de los **enunciados** de una razonamiento se obtiene su **forma lógica**, también llamada **forma de razonamiento**. Las **ciencias fácticas** necesitan, además de los **R deductivos**, de otros R y por ello establecen criterios para determinar cuándo un **razonamiento no deductivo** es aceptable para la ciencia. En particular, se han interesado por la **inducción** y a lo largo de la historia se dieron diferentes respuestas a preguntas tales como: ¿cuándo una inducción da buenas razones para aceptar la conclusión?, ¿qué valor tiene en esos casos la conclusión (es verdadera, probablemente verdadera, corroborada...)?

Razonamiento abductivo: En **Aristóteles**, **silogismo** con una **premisa** mayor verdadera y evidente, y una menor probable, por lo que la **conclusión** es probable. **Peirce** la ha definido como un tipo de **razonamiento** que parte del conocimiento de una **afirmación** general y una afirmación de un **hecho**, y conduce a afirmar (**conjeturar**) la ocurrencia de un hecho previamente desconocido, siendo una forma de razonamiento de la que surge una idea nueva (a diferencia de la **deducción**, que no agrega información). Se maneja con el esquema "resultado → regla → caso", es decir que va del **efecto** a la **causa**. Por ejemplo: sé que siempre que pasa el lechero toca el timbre entre las 10 y las 11 horas. Un día oigo el timbre a las 10 y cuarto. Inmediatamente se me ocurre que se trata del lechero. Así, en el RA hay dos pasos: a) se debe tener una regla que rija cierto tipo de **fenómenos** o, en su defecto, hay que inventarla, b) conjeturar que el hecho observado es de esa clase. Se trata de una operación que consiste en identificar, a partir de ciertos rasgos o indicios, el tipo o clase a que algo pertenece. La conclusión de una **abducción** siempre es hipotética; formalmente hablando, es una forma falaz, inválida, de razonamiento (**falacia de afirmación del consecuente**: si p entonces q, q, entonces p), que no garantiza la **verdad** de su conclusión. La abducción es una forma de razonamiento falaz que consiste en atribuir al objeto de la investigación, identificado en la premisa que manifiesta el resultado, características expresadas en el **antecedente** de la premisa mayor o regla. De este modo, desde el punto de vista lógico, la abducción carece de valor formal, porque la **verdad** de sus premisas no es garantía de una conclusión verdadera –condición para la **validez** formal del razonamiento–.

Razonamiento analógico: Razonamiento no deductivo que se caracteriza por tener **premisas** que afirman similitudes entre dos o más objetos en uno o más aspectos. Sobre la base de que un nuevo **objeto** comparte con los anteriores una de esas propiedades, se concluye que también comparte las demás. Los RA parten de premisas que tienen un cierto grado de generalidad, llegando a una **conclusión** que tiene ese mismo grado pero que, sin embargo, aumenta la información al adjudicar propiedades a objetos que en las premisas no aparecen atribuidas a esos objetos. Por ejemplo: premisa 1: Juan no estudió en Física y aprobó, premisa 2: Juan no estudió en Química y aprobó, conclusión: Juan no va a estudiar en Matemática y aprobará. Desde el punto de vista lógico, el RA es un **razonamiento inválido**.

Razonamiento deductivo: Razonamiento cuya **conclusión** se desprende de sus **premisas**, de modo tal que afirmar sus premisas y negar la conclusión es contradictorio. Un razonamiento es un RD cuando sus premisas dan un fundamento seguro para la **conclusión**, esto es, cuando las premisas y la **conclusión** están relacionadas de tal manera que es imposible que las premisas sean verdaderas sin que la conclusión también lo sea. Todo razonamiento deductivo es válido y viceversa: todo razonamiento válido es deductivo (ver también **deducción** y **razonamiento**).

Tipos de razonamiento No deductivos: $\dfrac{V \quad V \quad F \quad F}{F \quad V \quad V \quad F}$

Tipos de razonamiento deductivos: $\dfrac{V \quad F \quad F}{V \quad V \quad F}$

Hemos consignado las cuatro combinaciones posibles de los **valores de verdad** del conjunto de las premisas y la conclusión. En negrita están marcados los únicos tres casos posibles de RD que, como puede verse, también son casos posibles de razonamientos no deductivos. El signo "F" arriba de la raya indica que al menos una de las premisas es falsa y el signo "V" indica que ninguna lo es (son todas verdaderas). El RD se caracteriza por tener una **forma lógica** que garantiza que si todas las premisas son verdaderas, la conclusión también lo será. Esta propiedad también se puede expresar diciendo que no es posible que sus premisas sean verdaderas y su conclusión falsa, o sea, que un razonamiento V/F nunca será un caso de deducción. En virtud de esta definición un **contraejemplo** es una **prueba** definitiva de que un razonamiento no es deductivo. Ya que lo que el contraejemplo exhibe es que cierta **forma de razonamiento** tiene un ejemplo V/F.

Razonamiento escalonado: Tipo de **razonamiento** muy común, que se produce cuando -a un comportamiento, una decisión o una sugerencia- le sigue la proximidad de un principio o un **hecho**. Se aplica una norma general a un caso concreto que suscita una **conclusión** normativa o imperativa. Por ejemplo, si en **Argentina** hay **devaluación**, y **Uruguay** tiene una economía similar a la **Argentina**, por lo tanto en **Uruguay** habrá devaluación también.

Razonamiento inductivo: Razonamiento no deductivo que apela a un principio o supuesto no expresado que dice que lo que sucede con todos los casos conocidos de un **fenómeno** también sucede con los casos desconocidos del mismo fenómeno. Los casos conocidos son las **premisas** del **razonamiento** ("x_1 tiene la propiedad P, x_2 tiene la propiedad P, ...x_n tiene la propiedad P", tal que n es un número finito) y su **conclusión** dice o bien que un caso desconocido (que no figura en las premisas) también tiene la propiedad P ("x (n+1) es P") o bien dice que absolutamente todos los casos del fenómeno en cuestión tienen la propiedad P ("(x) Px", tal que el dominio es el conjunto de los infinitos casos del fenómeno). Es decir que la conclusión de un RI agrega una información nueva que no estaba contenida en las premisas. No pretende que sus premisas ofrezcan fundamentos concluyentes para la **verdad** de su conclusión, sino solamente que ofrezcan *algún* fundamento para ella. No son válidos, aunque sí pueden ser mejores o peores según su grado de **probabilidad**: cuantos más casos se puedan conocer e incorporar como premisas, mejor; si alguno de los casos no tiene la propiedad P en cuestión, peor, esto sería algo muy malo. Por ejemplo: premisa 1: José vive en la villa y es un delincuente, premisa 2: Juan vive en la villa y es un delincuente, premisa 3: Pedro vive en la villa y es un delincuente, conclusión: Todos los que viven en la villa son delincuentes.

Razonamiento inválido: Un **razonamiento** es inválido cuando su **forma lógica** es inválida, lo que ocurre cuando hay por lo menos un razonamiento de esa forma que tiene **premisas** verdaderas y **conclusión** falsa (es decir, todos los RI tienen **contraejemplos** y, a la inversa, si un razonamiento tiene contraejemplos, entonces es inválido). En los RI la forma lógica no garantiza que **verdad** se transmita en todos los casos de las premisas a la conclusión. Opuesto: **razonamiento válido**.

Razonamiento no deductivo: Razonamiento cuya **conclusión** no se desprende en forma necesaria de las **premisas**. Son tipos de RND el **razonamiento inductivo** y el **razonamiento analógico**. Muchos autores y en general la **ciencia fáctica** atribuyen a los RND cierto grado de **probabilidad**, distinguiendo así mejores y peores razonamientos.

Razonamiento por analogía: Ver **razonamiento analógico**.

Razonamiento válido: Razonamiento en el que no hay ninguna posibilidad de que se dé algún caso en que las **premisas** sean verdaderas y la **conclusión** sea **falsa**. En los RV la **verdad** se transmite de las premisas a la conclusión. De este modo, garantizan la verdad de la conclusión sólo en el caso de que las premisas sean verdaderas. Cuando un conjunto de premisas (una o más) implica una conclusión, tenemos una **deducción** correcta o RV. Para poder distinguir un RV de uno inválido existen varios **métodos**. Uno de ellos es el de las **tablas de verdad**. Opuesto: **razonamiento inválido**. Sinónimo: **razonamiento deductivo**.

Realidad inteligible: Es la realidad que captamos con la inteligencia, aunque para algunos autores no es una realidad en sentido propio. Los objetos inteligibles no están sujetos al cambio, por eso se dice que son atemporales, eternos e inmutables. Por ejemplo, el triángulo del que hablan los **teoremas** de geometría, que es diferente a todos los triángulos que se puedan dibujar y cuyas propiedades son constantes (la suma de los ángulos interiores de un triángulo de geometría euclidiana siempre suman 180ć sin excepción).

Realidad sensible: Es la realidad de la que dan testimonio nuestros sentidos. Es la realidad espacio-temporal que está sujeta al cambio.

Realismo: 1. **Tesis** filosófica de raíz **platónica** que afirma que los **conceptos** o **categorías universales** son reales, es decir, tienen una **realidad** de una naturaleza especial diferente de la del mundo sensible. El R extremo llega a afirmar que la única realidad es la de los universales (también llamados **ideas**), de modo que superan a cada uno de sus ejemplos concretos. Así, "mesa" –concepto **universal**- posee una **sustancia** propia, superior a la de cada una de las mesas existentes. El R constituyó una de las posturas de un debate que atravesó el **Medioevo** y que lo enfrentó con el **nominalismo** en la llamada **disputa de los universales**. El R ha influido en el pensamiento de diversos autores, por ejemplo, en **Hegel**. 2. Dícese también de la postura de atenerse a los **hechos** y no a los principios, motivos o fantasías.

Realismo (positivismo): Postura que se atiene a los **hechos** de la realidad o hechos positivos sin la pretensión de transformarlos.

Reduccionismo: 1. **Método** que intenta

explicar gran cantidad de **fenómenos** a partir de una **teoría** que se considera básica. **2.** Posición epistemológica que considera científicos sólo los **conocimientos** a los que se les aplica el método de las **Ciencias Naturales**. El **mecanicismo** y la **sociobiología** son ejemplos de R.

Refutable: Que existe la posibilidad de intentar la **refutación** de una **hipótesis** a partir de sus **consecuencias observacionales**. Según **Popper**, sólo una hipótesis R pertenece al campo de la **ciencia**: lo importante no es la refutación en sí misma, sino que exista la posibilidad de poner a **prueba** las hipótesis.

Refutación: Demostración de la falsedad de una **hipótesis científica** a partir de la falsedad de alguna de sus **consecuencias observacionales**. Este **razonamiento** tiene la **forma lógica** denominada *modus tollens*.

Refutacionismo: Ver **falsacionismo**.

Refutadores potenciales (falsacionismo): Base empírica o conjunto de **enunciados básicos** que pueden potencialmente **falsar** una **hipótesis** o **teoría**.

Refutar (falsacionismo): Falsar. Probar la falsedad de un **enunciado** o **teoría**, rebatirlo.

Reglas de correspondencia: Afirmaciones que relacionan entidades observables y no observables. Las RC permiten que de las **leyes teóricas** se deduzcan nuevas **leyes empíricas**. Se utilizan de manera parecida a un diccionario bilingüe: las leyes teóricas se traducen en leyes empíricas.

Sin ellas, las leyes teóricas serían sólo especulaciones que no podrían ser **contrastadas** mediante la **observación**. También conocidas como la **interpretación** que se hace de un **sistema**, a través de la cual los **signos** no interpretados (vocabulario teórico aún sin contenido empírico, definido de manera implícita por el papel inferencial que juega, es decir, por su lugar en **proposiciones**, que se deducen de determinadas proposiciones y que son el fundamento para deducir otras proposiciones) adquieren contenido empírico, mediante un diccionario. Por ejemplo, autorizan a sustituir la **variable** "t" por un **valor** de tiempo. El valor debe ser un intervalo ya que ninguna medición puede ser infinitamente precisa y debe considerarse cierto margen de error. A partir de la interpretación de algunas variables se puede dar automáticamente el valor de otras que están definidas (en una ecuación) a partir de la primeras. **Hempel** opuso a la noción de RDC la de **principios puente**, que según él es más aplicable a la práctica científica.

Reglas de designación: Reglas que relacionan un **signo** con un **objeto**.

Reglas de formación: Las RF son **enunciados** metalingüísticos que establecen reglas de un **lenguaje objeto**. En particular establecen la manera de combinar los **signos** elementales para obtener **estructuras** complejas bien formadas. En un **lenguaje formal**, las RF establecen cómo se forman correctamente las **fórmulas**, determinando el conjunto de las infinitas **fórmulas bien formadas** de un **lenguaje**. En el castellano, por ejemplo, hay una regla que prohíbe que se puedan formar oraciones como "Josefina y Germán *está* despierto".

Reglas de inferencia: Formas válidas de **razonamiento** que sirven para indicar cómo debe procederse -en un **sistema axiomático** o en un conjunto de **enunciados**- para pasar de una **fórmula** (**premisa**) a otra (**conclusión**). Las RI más comunes son las siguientes: *modus ponens*, *modus tollens*, **leyes de De Morgan**, **silogismo hipotético**, **regla de conjunción** y **regla de simplificación**. En castellano la voz pasiva nos permite transformar una **oración** en otra equivalente. Todas las RI garantizan que el vínculo entre una fórmula o **proposición** y la fórmula o proposición que se infiere, es deductivo (aunque nada impide crear un sistema cuyas RI no sean deductivas, ya que pueden postularse reglas de manera arbitraria, aunque casi todos los sistemas usan reglas deductivas). También se las llama **reglas de transformación**. Las RI son **afirmaciones** metalingüísticas.

Reglas de transformación: Reglas de inferencia.

Reglas lógicas: Así como una **ley lógica** nos garantiza la **verdad** formal de todas las **proposiciones** obtenidas por sustitución correcta de las **variables proposicionales** de una **tautología**, una RL nos garantiza la **validez** de los **razonamientos** que tienen determinada **forma lógica**. Las reglas son expresiones metalógicas; son prescripciones que nos permiten pasar correctamente de una o más **premisas** a una **conclusión**. En las RL, no puede suceder que al sustituir las variables proposicionales por proposiciones obten-

gamos un razonamiento que tenga premisas verdaderas y conclusión falsa. Son ejemplos de RL: *modus ponendo ponens*, *modus tollendo tollens*, **silogismo hipotético**, **silogismo disyuntivo**, **simplificación**, adición, transposición, etc. Las RL son las **reglas de inferencia** de un **sistema lógico**.

Regresión al infinito: Demostración lógica que explica p a partir de q, q a partir de r, r a partir de s, y así sucesivamente. Por ejemplo, se acusa al **principio de inducción** de apelar a la RAI para su **justificación inductiva**.

Regularidad: Relación estable y constante entre dos **variables**. Las **leyes** científicas se establecen tomando en cuenta R.

Reichenbach, Hans (1891-1953): Filósofo **neopositivista** alemán. De orientación **inductivista**, creó los **conceptos de contexto de descubrimiento** y **contexto de justificación**. Entre sus obras principales encontramos a: *Objetos y métodos del conocimiento científico* (1931).

Relación espuria: Falso vínculo causal entre dos **variables**. También conocida como **falacia de relación causal**.

Relativismo: Postura filosófica que sostiene el carácter no absoluto del **conocimiento** y que –por lo tanto– admite que el cambio de circunstancias modifica la **validez** de todo **enunciado**. Para el R el conocimiento humano sólo puede conocer las relaciones entre cosas, pero no a las cosas en sí mismas.

Relevancia explicativa (Carl Hempel): Requisito de una **explicación científica** que plantea que la información explicativa dada en el *explanans* debe proporcionar una buena base para creer que el **fenómeno** que se trata de explicar (*explanandum*) tuvo o tiene lugar, es decir, que todos los **enunciado** del *explanans* deben ser indispensables para la **derivación** de la **conclusión** (no debe ser posible omitir una de las **premisas** y obtener esa misma conclusión).

Respaldo empírico: Ver **apoyo empírico.**

Retroacción: Ver **retroalimentación.**

Retroalimentación (teoría de sistemas): **Proceso** de autorregulación por el que el resultado final modifica la condición inicial de un **sistema.** En general, en la R se compara el resultado de un proceso con un patrón preestablecido de modo que – en caso de error o desviación- el sistema controlador actúa para reestablecer ese patrón. En la **teoría** de D. **Easton**, reacciones del **sistema político** frente a cambios en el medio externo provocados por productos (*outputs*). También se le llama *feed-back.* Por ejemplo, ante la sanción de una ley de divorcio (producto), la **Iglesia** realiza manifestaciones en su contra (cambio en el medio externo que vuelve a presionar en forma de *input*), provocando una **crisis** en el **gobierno** (R).

Retroceso infinito: Ver **círculo vicioso.**

Retrodicción: Predicción de un **hecho** sucedido en el pasado.

Revolución científica de los siglos XVI y XVII: Conjunto de transformaciones que en los siglos XVI y XVII constituyeron el nacimiento de la **ciencia moderna.** Fue Francis **Bacon** quien propuso un nuevo **método** de **conocimiento** del mundo: ya no serían más la **Biblia** ni la tradición la fuente del conocimiento de la naturaleza, sino la **observación empírica** y racional de los **fenómenos** con el fin de establecer **regularidades** y descubrir **leyes científicas.** La RC de los siglos XVI y XVII tiene sus puntos más reconocidos en la física y la astronomía, gracias a los trabajos de Nicolás **Copérnico, Galileo** Galilei, Johaness **Kepler** e Isaac **Newton.** La obra de Copérnico *Sobre la revolución de las esferas celestes*, suele ser considerada como detonante de un período -de aproximadamente un siglo y medio- que se conoce como la **Revolución Copernicana.** Pero este período no sólo dio lugar a una nueva **cosmología**, sino que produjo un cambio sustancial en la manera de hacer ciencia. La RC del siglo XVII abarcó no sólo la astronomía y a la física, sino también a otras ciencias, como la medicina. La física antigua adoptaba una metodología demostrativa, según la cual se partía de determinados **enunciados**, que se aceptaban como verdaderos, a partir de los cuales se deducían otros que daban cuenta de las observaciones. Es decir, que se trataba de aplicar en las **ciencias naturales** o **fácticas**, la metodología de las **ciencias formales**, como la matemática. En cambio, la ciencia moderna aplica una metodología teórico-experimental, según la cual se parte de **hipótesis** o suposiciones teóricas, a partir de las cuales se deducen **consecuencias observacionales** que, luego, son sometidas a **prueba** de manera experimental. Otra diferencia entre **ciencia antigua** y ciencia moderna, es que se realizan observaciones activas, en condiciones controladas y con magnitudes medibles. En cambio, la observación en la ciencia antigua se limitaba a registrar de manera cualitativa fenómenos que ocurrían espontáneamente, sin control alguno. Con la ciencia moderna nace la noción de control de **variables**, es decir, el fijar algunas de las variables que están en juego en el fenómeno que se estudia, para revisar el comportamiento de las que quedan libres. Galileo fue el pionero de la física moderna cuando cuestionó la física aristotélica y propuso hipótesis físicas que sentaron las bases de la física newtoniana (por ejemplo, descubrió y demostró algo así como la ley de inercia mediante una **contrastación** empírica).

Revolución científica (Thomas Kuhn): Proceso por el cual un **paradigma** científico es reemplazado por otro. Cambio abrupto del paradigma científico, ocasionado por crecientes **anomalías** no resueltas por la **comunidad científica** y que derivaron en una **crisis**. En este período extraordinario, los científicos ya no dan por válida la **teoría** central ni sus métodos e **hipótesis**, la critican y buscan nuevas soluciones a los **problemas** que se les presentan. Así, los científicos comienzan a buscar un nuevo marco de explicación o **paradigma rival** que resuelva las anomalías. Al producirse una RC, todas las pautas de investigación son revisadas y surgen nuevas teorías y un nuevo modo de interpretar el mundo ("Lo que antes de la revolución eran patos en el mundo del científico, se convierte en conejos después"), en un período que **Kuhn** llama de **ciencia extraordinaria**. Un ejemplo clásico del esquema kuhniano es el siguiente: 1- Paradigma: en la **Edad Media** regía el paradigma **teológico**, es decir que todo se explicaba a partir de Dios, 2- **Ciencia Normal:** a partir del paradigma se partía de la idea de que la Tierra era el centro inmóvil del universo, girando todo en torno de ella (teoría de **Ptolomeo**). La ciencia normal consistía en la lectura dogmática de la **Biblia** y de las obras de **Aristóteles**, que eran una verdad absoluta y nadie podía cuestionar, 3- Anomalía: **Galileo** había descubierto a través del telescopio que unos cuerpos celestes giraban alrededor de Júpiter, contradiciendo la teoría ptolemaica. Los sectores dominantes de la **sociedad medieval** (**nobleza feudal y clero**) lo acusaron de **hereje** por atacar la palabra de Dios, 4- Crisis: si bien Galileo debió retractarse de sus dichos para no ser enviado a la hoguera, sus descubrimientos provocaron un rotundo fracaso de la concepción religiosa, 5- RC: el viejo paradigma teológico fue reemplazado por el paradigma científico, cambiando la visión que el hombre tenía de la naturaleza. La ciencia normal comenzó a basarse en la **observación** y la **experimentación**, con un activo papel de la **razón** y de la capacidad creadora del hombre, a diferencia del rol pasivo y fatalista que éste tenía en el paradigma anterior. También cambiaron las reglas referentes a los **contextos de descubrimiento** y **justificación**. (INSERTAR IMAGEN PATO-CONEJO)

Revolución científico-técnica: Nuevo **paradigma** de **producción**, surgido tras la **crisis del petróleo**, donde priman la automatización, la robotización, la informatización de las finanzas, la teleinformática, la bioingeniería, los nuevos materiales, la microelectrónica, la **informática**, la **biotecnología** y el uso de fuentes energéticas alternativas.

Revolución copernicana: Durante el **Renacimiento**, **Copérnico** descubrió que la Tierra no era el centro del universo ni estaba quieta sino que daba vueltas alrededor del Sol. Esta **hipótesis** cambió la forma de ver el mundo vigente durante siglos, cuestionando seriamente al **paradigma** sostenido por la **Iglesia**. La teoría de Copérnico fue corroborada en el siglo XVII por **Galileo** y por **Newton**, quien elaboró a partir de aquí la física clásica, planteando la idea de gravitación.

Revolución tecnológica: Difusión de un nuevo **"factor llave"** o **"núcleo tecnológico"**, que produce la consolidación de un nuevo **paradigma** tecnológico dominante, que resuelve los problemas que traban la **reproducción ampliada** de una **formación social**.

Ruptura epistemológica (Gastón Bachelard): Proceso que describe lo que ocurre en una **revolución científica**, tal como la describiera Thomas **Kuhn**. La RE implica la superación de uno o varios **obstáculos epistemológicos** y un cambio de la perspectiva de la **comunidad científica** y de la lectura que los científicos realizan de las problemáticas de su disciplina (ver también **obstáculo epistemológico**).

S

Saber cómo: Conocimiento o **saber** práctico o instrumental que implica llevar a cabo correctamente una actividad. Por ejemplo, correr o jugar al ajedrez. En procesos técnico-productivos, se utiliza el vocablo inglés *know-how*.

Saber proposicional: Saber que consiste en "saber que p", donde p es una **proposición** cualquiera. La definición clásica de SP o **conocimiento proposicional** establece tres **condiciones necesarias** y suficientes: la **creencia** (x cree que p), la **verdad** (p es verdadera) y la **prueba** (x tiene pruebas de que p).

Saber qué: Conocimiento que permite afirmar que determinadas proposiciones son verdaderas. Se llama así porque en castellano se usa la expresión "x sabe que p" para indicar una relación entre una persona (x) y una **proposición** (p). Significa lo mismo que el vocablo inglés *know-that* y que la expresión castellana **conocimiento proposicional**. Por ejemplo, el médico sabe que debe suministrar cierta dosis máxima de una droga.

Salto inductivo: Ver **problema de la inducción**.

Selección natural (Charles Darwin, 1819): Concepto clave de la **teoría de la evolución** que plantea que el medio ambiente natural determina cuáles son los **individuos** más aptos para sobrevivir en la lucha por la vida. Así, por ejemplo, ciertas razones ambientales hacen que en un determinado momento sobrevivan las mariposas de alas negras, en vez de las de alas blancas (las mariposas negras en una ciudad con mucho hollín pueden camuflarse mejor y así protegerse de los predadores y reproducirse). Los procesos que causan pequeños cambios se acumulan a gran escala produciendo grandes cambios. La acumulación de grandes cambios produce nuevas **especies** (ver *El origen de las especies por*

medio de la selección natural).

Semántica (Charles Morris): Parte de la **semiótica** que estudia las relaciones entre los **signos** y aquello que éstos designan, entre los signos y aquello de lo cual hablamos por medio de ellos, es decir los **significados** o el **sentido** de los signos, la **significación**. Existen distintos tipos de S: discursiva, fundamental, generativa y narrativa.

Semmelweis, Ignazius Philip (1818-1865): Médico húngaro, pionero en la **teoría** del contagio a partir de sus investigaciones sobre la fiebre puerperal. Como resultado de sus descubrimientos, surgió la asepsia en ginecología. Este caso es citado reiteradamente como ejemplo clásico de una investigación científica (por ejemplo, en *Filosofía de la ciencia natural*, de C. **Hempel**).

Silogismo (Aristóteles): Tipo de **razonamiento deductivo** que parte de dos **enunciados** considerados **premisas** –**premisa mayor** y **premisa menor**- que son **enunciados condicionales** que no contienen **términos singulares** -es decir que son **proposiciones generales**- y están ligados por una **conjunción**, y deriva en otro enunciado llamado **conclusión**. No siempre premisas y conclusión estarán visibles: si sólo se expresa una parte del razonamiento y el resto se deja implícito, es decir, se da por sobreentendido, hablamos de un **entinema**.

Sintáctica: Ver **sintaxis**.

Sintaxis (Charles Morris): Parte de la **semiótica** que estudia las relaciones de los signos entre sí; es la **teoría** de la construcción y la identificación de las secuencias de signos bien formadas. Estudia las reglas que establecen qué signos se aceptan o no, con independencia de su **significado**. Es la tarea propia de la S la construcción de cálculos. Por ejemplo, "las palabras esdrújulas llevan tilde". Estrictamente, existe una **S gramatical** y una **S lógica**. También hay otros tipos de S: discursiva, fundamental, narrativa y textual.

Sintaxis gramatical: Sintaxis del **lenguaje natural**. Opuesto: **sintaxis lógica**.

Sintaxis lógica: Combinación de los **signos** en **fórmulas**, con el fin de estudiar la **estructura** del **lenguaje**. Opuesto: **sintaxis gramatical**.

Síntesis: Idea que unifica, concentra y recombina a todo un conjunto de **conceptos**. Se contrapone a **análisis**.

Sintético: En **lógica**, es S todo **enunciado** cuyo **predicado** agrega algo nuevo al **sujeto**. Por lo tanto, no basta con analizar el **significado** de sus **términos** para saber si la **proposición** es verdadera o falsa, ni puede reducirse a una **tautología** porque dice algo acerca del mundo (y por lo tanto es un **enunciado contingente**) sino que hay que recurrir a la **experiencia** o a la intuición. Por ejemplo, "El oro se dilata al ser calentado." Opuesto: **analítico**.

Sistema (teoría general de sistemas): Conjunto de partes relacionadas que conforman un todo, delimitado de su **entorno**. Existen S abiertos y S cerrados. Ejemplos de S: un idioma, el depósito del baño, el S nervioso, la **democracia**, la psiquis, etc.

Sistemas tecnológicos: En un **proceso** productivo se llama ST al conjunto de **innovaciones** interrelacionadas técnica y económicamente, que afectan varias ramas del aparato productivo. Un nuevo ST encadena sucesivas **innovaciones radicales.**

Sociedad libre (Paul Feyerabend): Libre acceso de todas las formas de **conocimiento** a su difusión, sin que la **ciencia** ejerza un **monopolio** del **saber.** Es la **sociedad** del "**todo vale**": tanto la ciencia como la **religión,** el curanderismo o la astrología, una sociedad en la que el **individuo** elija libremente el saber que prefiera. Este punto de vista es criticado por M. **Bunge,** considerando que se trata de una peligrosa manera de manipular a la gente, especialmente a la más ignorante.

Sociobiología (Edward Wilson): Disciplina que explica el comportamiento social de las **especies** (incluida la humana), en términos de la **selección natural** de genes, basándose en la biología evolutiva, el **neodarwinismo,** la **etología,** la **ecología** y la genética. La S sostiene que el hombre actual "es lo que es" porque nuestros antepasados "fueron quienes fueron". La agresión, el altruismo, la sexualidad, el odio, la **moral** y la **ética** pueden ser interpretadas –según la S– por el proceso de selección natural, que determina tanto la **evolución** de las **culturas** como la de las especies. Las "barras bravas", los grupos de choque o un marido maltratando a su esposa, estarían expresando la misma propiedad biológica subyacente al macho agresivo:

la competencia territorial o la dominación sexual. Para la S, la organización social es resultado automático de la supervivencia de las características ventajosas de cada individuo: nada puede alterar el orden social establecido. Todo cambio es indeseable, anti-natural y anti-humano. Se ha criticado a la S el hecho de que no es válido culpar de nuestros crímenes violentos y guerras al remoto pasado de nuestros **ancestros.** La S utilizaría mal la **teoría de la evolución,** porque el que sobrevive en el proceso de selección natural no es el más *fuerte* sino el más *apto.* Además, que una **conducta** sea adaptativa no implica que la misma surja de la selección natural. También se ha vinculado a esta corriente con los intereses justificatorios de las potencias **imperialistas** del siglo XX, con el fin de dar razones supuestamente científicas a sus políticas agresivas hacia otros pueblos.

Sofisma: Silogismo o argumento no válido pero de apariencia válida. También conocido como **falacia,** parte de semejanzas aparentes pero no reales. Defensa de algo falso con el objetivo de provocar confusión. Los hay lingüísticos y extralingüísticos.

Solidez: Un **razonamiento** es sólido cuando cumple con estas dos condiciones: 1) es válido y 2) todas sus **premisas** son verdaderas. De la definición de **validez** se sigue que su **conclusión** será necesariamente verdadera.

Solipsismo: Forma extrema de **idealismo,** el S plantea que sólo podemos estar seguros de nuestra propia existencia, ya que todo **conocimiento** nos es dado a través de sensaciones y éstas son engañosas. Lo demás, es ilusión nuestra.

Subjetividad: Perspectiva que coloca los sentimientos u opiniones personales por delante de consideraciones **objetivas.**

Subjetivo: Relativo o perteneciente al **sujeto,** a su sentir o pensar. Opuesto: **objetivo.**

Subsomption: Ver **razonamiento escalonado.**

Sujeto: Persona, **ser** o conciencia que conoce a la realidad exterior y es capaz de producir representaciones. Opuesto: **objeto.**

Sujeto empírico: En la **teoría de la enunciación** es el autor efectivo de un **enunciado.**

Supervivencia del más apto (Herbert Spencer): **Concepto** fundamental del llamado **darwinismo social,** intenta demostrar que en toda **sociedad** se imponen y sobreviven aquellos que mejor se adaptan a las condiciones existentes. Sirvió como justificación de la **política colonial** británica del siglo XIX.

Supervivencia del más fuerte (darwinismo social): Teoría que sostiene que algunos **individuos** son más fuertes y por lo tanto superiores a otros, por lo que poseen el derecho de ejercer la dominación sobre los más "débiles". Para algunos autores, es una deformación del concepto de **supervivencia del más apto** de **Charles Darwin** (aunque otros sostienen que la expresión es de H. **Spencer**) y fue utilizada para justificar las políticas **imperialistas** de las **potencias capitalistas.**

T

Tabula rasa **(empirismo): Concepto** central de la **filosofía empirista.** En su *Ensayo sobre el entendimiento humano,* **Locke** sostenía que las **ideas** no son innatas, es decir, no nacemos con ellas de modo que fueran previas a la **experiencia,** sino que al nacer, la mente es una TR, que se halla en blanco y vacía. Sólo a través de la experiencia penetran en ella las ideas. La **función** de la mente es reunir las impresiones y los materiales que suministran los sentidos.

Tautología: Una T es una **proposición molecular** que por su **forma** es verdadera no importa cómo se interpreten los **términos no lógicos.** La negación de una T es una **contradicción.** Como es verdadera independientemente del **significado** de las **proposiciones atómicas** que la conforman y por tanto sin afirmar ninguna de ellas, se considera que la T no tiene **contenido empírico,** porque no nos da información acerca del mundo. Toda T es una **proposición analítica** o **ley lógica,** cuya **verdad** puede decidirse por métodos puramente lógicos. Sus **tablas de verdad** sólo tienen resultados verdaderos. Son ejemplos de T: "los patos son patos" y "p → (q → p)".

Taxonomía: Clasificación de los seres vivos. Por extensión, se aplica a toda clasificación u organización sistemática de **datos.**

Técnica: (Del griego *tekhné*, que significa "medio para alcanzar un fin"). Conjunto de procedimientos que usa una **ciencia** o arte. La T utiliza a la ciencia como un medio para producir artefactos útiles o un conjunto de procedimientos para obtener un fin. Ejemplo: el ingeniero que estudia células fotoeléctricas para diseñar una batería para mantener iluminada una ciudad. Suele decirse también que se habla de T cuando la base teórica es el **conocimiento** del **sentido común**, centrado en un **saber** hacer (por ejemplo, podemos hablar de la T para cavar un pozo). En cambio, se habla de **tecnología** cuando la base teórica es el **conocimiento científico** (por ejemplo, la tecnología para fabricar un aparato de audio). El gran desarrollo de la T como tecnología se inició a mediados del siglo XVIII, con la **Revolución Industrial**.

Tecnociencia: Conocimiento **científico** producido y dominado, aplicable al control de **procesos** sociales o naturales.

Tecnología: Según la definición dada por M. **Bunge**, la T es la **técnica** que emplea **conocimiento científico**. En ella se unen el conocimiento teórico y la **producción**, por lo que puede hablarse de **ciencia aplicada**. Por ejemplo, la modista usa una técnica, la **industria** de la confección usa una T. Para Jorge Sábato, la T es "el conjunto ordenado de conocimientos necesarios para la producción y comercialización de **bienes y servicios**", en una definición más orientada a lo económico. Por su parte, para John K. Galbraith es "la aplicación sistemática del conocimiento científico, o de otro tipo de conocimiento organizado, a tareas prácticas". Otros autores, en cambio, vinculan a la T con lo cultural. Mientras que la técnica nació casi junto con el hombre, la T surgió durante el curso de la **Revolución Industrial**. Hay quienes la sitúan en 1876, simbolizando el paso del "mundo visible" de las palancas, poleas, ejes, engranajes, etc, al "mundo invisible" de los átomos, virus, electrones, moléculas, etc.

Teleología: (Del griego *telos* = fin o meta). **Doctrina** filosófica que interpreta a los **fenómenos** de acuerdo con una finalidad. Se postula una propiedad de las cosas o **causa final**, el fin u objetivo, que va más allá de las características que tengan en un momento dado y que hace que se transformen en un modo que está preestablecido. El **mecanicismo** rechazó la existencia de **causas finales**. La **explicación teleológica** se sigue usando para dar cuenta de la conducta humana: "Martín abrió el paquete de galletitas para hacer una chocotorta".

Teleológico: (Del griego *telos* = fin). Lo que tiene una finalidad. Lo que no se explica por las **causas** físicas sino por los fines.

Telos: Voz griega que significa finalidad o meta.

Teorético: Teórico, especulativo.

Teoría: En **términos** generales podemos decir que una T es un conjunto de **hipótesis** que ha superado la **prueba** de los hechos. También podemos hablar de T en el sentido de un conjunto de **proposiciones** o hipótesis **empíricas** relacionadas lógicamente en un **sistema**

hipotético-deductivo, susceptibles de ser **contrastadas** por medio de la **experiencia** o la **observación**. Otra definición posible es que una T es un conjunto de **leyes** de distinto nivel, donde de algunas **leyes fundamentales** (por ejemplo, las **leyes de Newton** de la mecánica clásica) se derivan otras de menor nivel (por ejemplo, la ley de caída de los cuerpos de **Galileo** y la ley de las áreas que barre un planeta en su translación orbital de **Kepler**). En una T hay una relación de **implicación lógica** que introduce un orden, ausente en un mero conjunto. Por ejemplo, la **T de la relatividad** permitió explicar **fenómenos** que las T anteriores no habían podido explicar (la órbita anómala de Mercurio) y permitió predecir nuevas leyes empíricas (la curvatura de los rayos de luz en campos gravitatorios muy intensos). También se habla, en un sentido más general, de T filosóficas, psicoanalíticas, etc, aunque no tengan leyes empíricas entre sus **proposiciones**. En **epistemología**, la discusión central acerca de las T científicas se basa en la relación existente entre dos elementos fundamentales: el **dato** y la **hipótesis**. El tipo de vínculo entre éstos dependerá de la posición epistemológica del investigador: así, por ejemplo, mientras que para el **inductivismo estrecho** el dato *precede* a la hipótesis, en el **confirmacionismo** el dato *sirve de* **apoyo inductivo** para las hipótesis y en el **hipotético-deductivismo** el dato *se deduce* de la hipótesis.

Teoría atomista: Ver **atomismo**.

Teoría catastrófica: Ver **catastrofismo**.

Teoría celular (Schwann, Schleiden, Vir- chow; aproximadamente 1830 ): Teoría que sostiene que la célula es la mínima unidad vital, en la que se expresan las propiedades básicas de los seres vivos: nutrición, crecimiento y reproducción. También sostiene que toda célula proviene de otra por división celular y que todo ser vivo está formado por células, de las que se origina por sucesivas divisiones.

Teoría creacionista: Ver **creacionismo**.

Teoría de la causalidad (Aristóteles): Aristóteles sostuvo que, para que ocurra un **fenómeno**, intervienen cuatro tipos de **causas:** 1- **causa material** (el bronce), 2- **causa formal** (el **modelo** o **idea** que el artista tiene en su mente como proyecto de realización), 3- **causa eficiente** (la acción de las manos del escultor) y, 4- **causa final** (la intención del escultor de terminar la obra).

Teoría de la evolución: La **evolución** como **concepto** se remonta a los filósofos presocráticos. Pero durante la **Edad Media** se consideró que todos los animales y plantas que estaban sobre la Tierra habían sido creados por Dios (**fijismo**). Las ideas evolucionistas resurgieron con la **ciencia** moderna. En el siglo XVIII, Jean Baptiste **Lamarck** fue el primero en formular una TDE, conocida como **transformismo**. La revolución definitiva en la TDE la dará **Darwin** con su **TDE de las especies**.

Teoría de la evolución de las especies (Charles Darwin): Teoría de la evolución planteada por **Darwin**, para quien las poblaciones de los organismos son variables. Darwin partió de la observación de estas variaciones individuales y de la idea de que nacen más organismos de los que son capaces de sobrevivir. Los que presentan rasgos que no son ventajosos en un determinado dejan menos descendencia al vivir menos, o no la dejan si no llegan a la edad reproductiva; mientras que los que presentan características ventajosas, sobreviven logran reproducirse más. Los caracteres de esos padres exitosos pasan a sus hijos, y en esa **población** cada generación será ligeramente diferente a la anterior y estará un poco mejor adaptada a las condiciones del hábitat. Otro elemento innovador de las ideas de Darwin fue el despojar a la idea de **evolución** de todo sentido de dirección, de progreso. Darwin consideraba que la evolución no se dirigía hacia lo más perfecto, sino que tenía que ver con la adaptación de los organismos a condiciones cambiantes.

Teoría de la explicación por subsunción: Ver **explicación nomológico-deductiva.**

Teoría de la generación espontánea (siglo XVII): Teoría sobre el origen de la vida. En la época de **Newton**, en **biología** se consideraba que había dos formas de generación de los seres: una era la generación de los seres avanzados de la naturaleza (animales, plantas, hombres) mediante la reproducción sexual, y otra la generación de los seres más simples o ruines (insectos, ratas, serpientes, etc), por efecto del calor del Sol sobre los desechos. Según esta teoría, los primeros eran engendrados y los otros eran producto de una "generación espontánea". Los avances de la **ciencia** experimental y el uso de nuevas **tecnologías** (como el microscopio) complicaron dicha teoría y abrieron dos posiciones enfrentadas respecto de cada tipo de generación. La confianza de algunos seguidores de la TGE era tal que Van Helmont, en 1667, creyó probar la generación espontánea de un ratón dejando veintiún días en un frasco ropa interior sucia con granos de trigo. Conocida también como **heterogénesis.** La teoría rival fue conocida como **biogénesis** o anti-espontaneísmo, que finalmente se impuso: en 1668 Francesco Redi experimentó con el objetivo de refutar a la TGE, según la cual los gusanos de la carne podrida surgen por sí mismos. Redi buscó demostrar que esos gusanos son creados por organismos vivos, para lo cual puso pedazos de carne en dos recipientes, uno tapado con una lámina de metal delgado, y el otro sin tapa. Si la TGE fuera cierta, los gusanos deberían haber aparecido en ambos recipientes. Sin embargo, los gusanos sólo aparecieron en el frasco abierto, lo que habilitaba a pensar que un agente externo tomaba contacto con la carne podrida. Efectivamente, los gusanos surgían a partir de huevos de moscas (que las moscas sólo pudieron depositar en el frasco abierto).

Teoría de la información (Claude Shannon, 1948): Teoría que se basa en los desarrollos publicados por **Shannon** en el artículo *Teoría matemática de la comunicación*, donde propone una serie de **leyes** matemáticas que explicarían y medirían la transmisión de **mensajes** a través de **canales** (teléfono, TV, etc.). Shannon sostenía que los procedimientos lógicos de verdadero/falso se correspondían con abierto/cerrado y encendido/apagado de las llaves de los aparatos electrónicos. Con esa base, postuló el **BIT** o dígito **binario**, es decir, la cantidad de información requerida para seleccionar un mensaje entre dos alternativas. La consecuencia de la teoría de Shannon es que la información se convierte en una forma independiente de cualquier dispositivo de transmisión. Fue Warren Weaver quien aplicó el modelo de Shannon a la **comunicación** humana, estableciendo la siguiente secuencia: **fuente** de información → mensaje → transmisor o **emisor** → **señal** → (**ruido**) → señal recibida → **receptor** → mensaje → destino. Así, la información se encuentra codificada en señales que el receptor decodifica. Esta teoría modificó la visión simplista que se tenía acerca de un proceso de comunicación lineal desde una fuente a un receptor.

Teoría de la panspermia (Fred Hoyle y Chandra Wickamasinghe): La TP se basa en la idea de que la vida está presente en todas partes y habría llegado al planeta desde el espacio interestelar. Hoyle y Wickamasinghe provenían de la astronomía y no de la biología, pero su **teoría** fue apoyada por biólogos como Crick (quien, junto con Watson, descubrió en 1953 la **estructura** de doble hélice del ADN). Un refuerzo para este argumento es la suposición de que los dinosaurios perecieron por las descargas de virus desconocidos que dejaron lluvias de cometas, lo que se probaría con el estudio de los impactos meteóricos en la Luna y Marte en la misma época. También sostuvieron que la caída de virus estelares se amortigua con la atmósfera y que se han encontrado rastros de virus en la alta atmósferas. Los meteoritos tienen la edad del sistema solar; si se encontrasen organismos en ellos se probaría que existía vida en el sistema solar antes que en la Tierra. Así, en el meteorito Orgevil, caído en 1930, se hallaron esporas carbonizadas y en 1984, Murchinson Hans Phug halló en él bacterias y aminoácidos. Sin embargo, no hay acuerdo acerca de estas cuestiones debido a la difícil interpretación de los hallazgos.

Teoría de la relatividad (Albert Einstein, 1905): Teoría que revolucionó al pensamiento científico, superando al **paradigma** newtoniano, vigente por siglos. La TR dejó de considerar al tiempo y al espacio como valores absolutos, para tomarlos en su conjunto como una dimensión relativa del universo (el continuo espacio-tiempo). Además, disolvió la tradicional dualidad entre **materia** y **energía**, al descubrir la conversión de una en otra. La TR de **Einstein** demostró que, para situar la simultaneidad de dos hechos en el tiempo, es precondición necesaria un sistema de referencias particularizado que excluye al observador omnisciente (el que todo lo sabe), universal y absoluto (propio de la física newtoniana). De este modo, buscó dar con una imagen del mundo que sea independiente de la posición de los distintos observadores.

Teoría de la verdad como coherencia: Tesis que sostiene que una **proposición** es verdadera si es consistente con las demás proposiciones de la **teoría** de la que forma parte.

Teoría de la verdad como correspondencia: Esta teoría sostiene que una **proposición** es verdadera si se corresponde con un **hecho**, si describe un **estado de cosas** real. Caso contrario, es falsa (a menos, claro, que sea una **tautología**).

Teoría de los equilibrios puntuados (Niles Eldredge y Stephen Gould, 1972): Suele ser caracterizada como una **teoría de la evolución** crítica de las **teorías de Darwin** y de la **teoría sintética de la evolución**. Sin embargo, se trata de una ampliación de la teoría darwiniana a entidades supra-individuales. Así, según Darwin, la **selección natural** opera sobre la variabilidad existente entre los individuos de una **población**. Según la TEP, existe selección natural a diferentes escalas: a nivel de las variaciones entre los individuos de una población, pero también entre diversas **especies**. Según Gould, la selección natural opera sobre cualquier entidad que sea variable y se reproduzca. Así como los individuos son variables y dejan descendencia, las especies también lo hacen a una escala de tiempo más amplia. Aquellas especies que colonizan más hábitats y se propagan más rápido, serán seleccionadas sobre las demás. Esta selección a nivel de especies se produce cuando surgen cambios geológicos que desestabilizan la **ecología** de las especies. Eldredge encontró que en las especies no se había producido ningún cambio en un período de tres o cuatro millones de años; el cambio, cuando se presenta, aparece en forma repentina. Por su lado, Gould encontró un patrón semejante al estudiar los caracoles de las islas Bermudas. Los dos comenzaron a llamar *stasis* a esta etapa de falta de cambio. Eldredge consideró que el cambio que se da de una especie a otra en los **fósiles** por él estudiados en el oeste norteamericano, eran sólo aparentes. Darwin y la teoría Sintética consideraban a las especies como efímeras, poco duraderas, dada la continuidad de la evolución. En cambio, para la TEP, las especies pueden verse como *individuos* y están espacio-temporalmente limitadas.

Teoría de Oparin-Haldane (Alexander Oparin y John Haldane 1930 →): Teoría acerca del origen de la vida que se basa en la idea de que en la atmósfera primitiva no había oxígeno libre, por lo que podían formarse compuestos orgánicos (compuestos formados en base a átomos de C) a partir de compuestos inorgánicos, independientemente de la existencia de seres vivos que pudiesen formarlos. Posteriormente, la asociación de estos compuestos orgánicos dio origen a las primeras células. Estos dos biólogos, Oparin, de origen ruso, y Haldane, de origen inglés, se basaron en el análisis fisicoquímico de la menor oxidación del hierro en rocas muy antiguas y datos geológicos de **fósiles**, que permiten ubicar en cuatro mil millones de años atrás la antigüedad de la vida de la Tierra. Los dos científicos llegaron a conclusiones similares, pero en forma independiente. Luego la teoría fue retomada por Miller y Urey en 1953, quienes reprodujeron las condiciones de la atmósfera primitiva mediante descargas eléctricas sobre un gas mezcla de metano, vapor de agua, hidrógeno, amoníaco, y obtuvieron toda clase de compuestos orgánicos y aminoácidos.

Teoría del *big bang*: Cosmogonía que supone un origen del universo en un instante dado, pero sin referencia a favor o no de un creador. Según esta **teoría**, el universo, junto con el tiempo y el espacio, surgieron de una gran explosión hace unos diez o quince mil millones de años. En dicha explosión estaba concentrada una gran cantidad de radiación o **energía** a elevadísima temperatura (protones, neutrones, electrones y fotones) que, al expandirse el espacio, se desparramó perdiendo densidad. De esta manera se formaron las partículas de **materia** y de anti-materia; luego siguió el enfriamiento, hasta disminuir la producción de materia por no haber tantos choques de energía. Entonces se llegó a un equilibrio entre la energía y la materia. La presencia de partículas creó la fuerza de atracción de estas partículas entre sí; la gravedad fue concentrando materia en nubes estelares, luego en galaxias y estrellas, y atrayendo estos cuerpos entre sí, por lo que fue frenando la aceleración expansiva.

Teoría del conocimiento: Ver **gnoseología.**

Teoría del cubo: Teoría gnoseológica de raíz **empirista**, que plantea que es necesario haber tenido percepciones -es decir, **experiencias** de los sentidos- antes de poder conocer algo acerca del mundo. Se le opone la **teoría del reflector.**

Teoría del reflector (Karl Popper): Teoría gnoseológica que afirma que las **observaciones** son posteriores a las **hipótesis** o –lo que es lo mismo- que la teoría guía a la **observación**. La TR surgió como una crítica de la visión **empirista** de la **teoría del cubo.**

Teoría del universo estacionario: Cosmología cuyo antecedente es la **teoría** de **Aristóteles** que consideraba eterna a la existencia del universo. Son pocos los científicos, actualmente, que se inclinan por ella. La teoría describe un universo en expansión continua en el que se mantiene un equilibrio eterno entre la cantidad de **energía** y **materia.**

Teoría general de sistemas (Ludwig Von Bertalanffy, 1950): Estudio de los sistemas en todos los campos científicos, con el objetivo de elaborar una serie de conceptos comunes que permitan la unidad de la **ciencia.** Un **sistema** es un conjunto, el cual -si es abierto- recibe *inputs* a los que procesa y devuelve a su **entorno** en forma de *outputs*, estableciendo una **retroalimentación**. Ese conjunto puede particionarse a su vez en los llamados **subsistemas**. Wiener aportó el concepto de **homeostasis**, para referirse a las incidencias que los cambios producidos por el entorno ocasionan en los sistemas y el equilibrio en la relación entre ambos. Partiendo de su aplicación en el campo de la biología, pronto la TGS se aplicó a las **Ciencias Sociales** –por ejemplo, en la **teoría de sistemas** de **Easton** y en **comunicación**-, la física y la química. Luego continuó ampliándose, basándose siempre en un enfoque **holístico** (es decir, tomando como **objeto** de estudio a la totalidad).

Teoría geocéntrica: Teoría que sostenía que la Tierra es el centro del universo y que todos los cuerpos celestes giran alrededor de ella. El primero en proponerla fue **Aristóteles**, en el siglo IV a.C. y fue luego sistematizada y perfeccionada por **Ptolomeo** en el siglo II, agregándose luego interpretaciones cristianas relacionadas con la idea de Creación y de Dios durante toda la **Edad Media**. Según esta concepción, alrededor de la Tierra, que está inmóvil, se encuentra una esfera cristalina de éter donde gira la Luna; luego otra donde giran los planetas (los conocidos en la época de Aristóteles eran Mercurio, Venus, Marte, Júpiter y Saturno, además del Sol); y luego otra esfera donde están los seres más puros o elevados, que son las estrellas fijas. Aristóteles planteaba que todas las esferas están separadas por una sustancia llamada éter y cuanto más elevado está un ser menos cambia y más perfecto es. Por lo tanto, hay una física sublunar, que se aplica a aquello que está debajo de la Luna, que es cambiante, finito e imperfecto (ver **mundo sublunar**); y otra física supralunar, que se aplica a la Luna, los planetas y las estrellas, es decir, al **mundo supralunar**, que no cambia y que es perfecto e incorruptible.

Teoría heliocéntrica: Cosmología basada en la idea de que el centro del universo es el Sol, desplazando a la Tierra de su lugar privilegiado (**teoría geocéntrica**). La Tierra dejó de ser considerada centro de la creación, para ser considerada como un planeta más, que gira alrededor del Sol. El primero que en la época moderna formuló la TH fue **Copérnico**, en 1543 (en la **Antigüedad** había sido formulada por Aristarco de Samos). Luego fue perfeccionada por el astrónomo alemán **Kepler** en 1609, quien propuso, por primera vez, la idea de que las órbitas planetarias son elípticas y no circulares. La física correspondiente a esta concepción astronómica (según la cual la Tierra tiene un movimiento de traslación y otro de rotación), la desarrollaron **Galileo** y **Newton** en los siglos XVI y XVII. La TH subsistió hasta fines del siglo XIX. Los geocentristas ob-

jetaron a la **teoría** copernicana que -si se dejaba caer desde una torre un cuerpo pesado- debería quedar lejos del pie de dicha torre, ya que la torre se movería a la velocidad de rotación de la Tierra. Copérnico no pudo responder a esta objeción, que fue contestada por Galileo con la **hipótesis** de que el objeto cae al pie de la torre porque comparte el movimiento de rotación de la torre y la Tierra. Con esta respuesta, Galileo sugirió la idea de movimiento inercial, que sería luego desarrollada por Newton.

Teoría sintética de la evolución (Julian Huxley, 1942 ): Teoría que parte de la **selección natural** de **Darwin** -pero negando la herencia de los **caracteres adquiridos**- y de la incorporación de los **conocimientos** provenientes de la genética (**Mendel**). La "Nueva Síntesis" propuso una idea llamativamente simple: de tiempo en tiempo, las poblaciones de **especies** que tienen una dispersión muy amplia, se ven conmocionadas por un fenómeno natural -por ejemplo, el cambio estructural en una cadena montañosa, un río que cambia de curso-. Si esa barrera corta a la población en dos, las dos poblaciones ahora separadas continuarán cambiando cada una por su lado, hasta que al final se acumularán muchas diferencias entre ellas y no podrán reproducirse entre sí. De este modo, habrá nacido una nueva **especie**. Conocida también como **neodarwinismo**.

Teoría sistémica: Ver **teoría de sistemas.**

Teoría transformista: Ver **transformismo.**

Término: Entidad **lingüística** que es parte

de un **enunciado**.

Término mayor: Parte de un **silogismo** que opera como **predicado** de la **conclusión**, simbolizado con la letra P.

Término medio: Parte de un **silogismo** que opera en las **premisas** pero no en la **conclusión**, simbolizado con la letra M.

Término menor: Parte de un **silogismo** que opera como sujeto de la **conclusión**, simbolizado con la letra S.

Término predicado: A veces se llama así al **término mayor** de un **silogismo**. Opuesto: **término sujeto**.

Término sujeto: A veces se llama así al **término menor** de un **silogismo**. Opuesto: **término predicado**.

Términos: Hay al menos dos maneras de usar este vocablo. La primera, frecuente en **metalógica**, es llamar T a un nombre en sentido amplio: una letra proposicional *nombra* a una **proposición** determinada (que se le asigna a la letra mediante una **interpretación**), una letra de **predicado** *nombra* una clase, una constante de **individuo** *nombra* a un individuo y los llamados T lógicos *nombran* siempre a cierta función. En este sentido un T es un **signo** asociado a un **significado**. El otro uso identifica "T" y "**concepto**", es decir, el T es una de las partes de la proposición, que es el significado de una **aserción**. El T "**conjunción**", por ejemplo, ya no sería el signo "." o "y" sino la **función veritativa** misma. Así, un mismo T puede expresarse de diferentes maneras, en diferentes **lenguajes**, según convención.

Un mismo T puede estar representado por una, dos o más palabras y también por un único signo (como un punto, una raya, una letra, etc). Hay que tomar en cuenta cuatro reglas de correlación: 1) "Distintas palabras pueden expresar un mismo T", 2) "Palabras iguales pueden expresar T distintos", 3) "Un T puede ser expresado en una construcción de varias palabras" y, 4) "Toda palabra expresa un T, pero no todo T se expresa en palabras" (por ejemplo, las notas musicales, los signos matemáticos). Junto con los **razonamientos** y las **proposiciones**, los T forman las tres **estructuras lógicas**.

Términos descriptivos: En la **filosofía** de las **ciencias fácticas**, expresiones que hablan de **objetos**, relaciones, propiedades, **hechos** o **procesos** que se pueden observar directamente, sin usar ningún instrumento (por ejemplo, "gusanos"). Llamados también **términos observacionales**. Ya que el límite entre lo que se considera observable y no observable es arbitrario y además muy diferente de un autor a otro, también lo es el límite entre lo que se considera un TD y uno no descriptivo. La **comunidad científica**, por lo general, considera observable a todo lo que se puede ver o medir con instrumentos. Según **Popper**, la distinción entre **términos teóricos** y no teóricos es equivocada, ya que todos los términos son, en algún grado (más o menos) teóricos: no existen los términos puramente observacionales.

Términos observacionales: Ver **términos descriptivos**.

Términos singulares: Un TS nombra a uno y sólo un objeto determinado. Los TS pueden ser nombres propios ("Ramiro", "Madagascar", "el Monumental"), **deícticos** sueltos ("esto", "allá", "éste") o deícticos en una construcción con **términos universales** (*"esta* mandarina", *"allá* arriba", *"aquel* semáforo") o descripciones definidas ("la tía de Florencia", "el novio de Karina", "el quiosco de la esquina"). Opuesto: **términos universales**.

Términos teóricos: En las **ciencias fácticas**, expresiones que hablan de cosas que no se pueden observar directamente (por ejemplo, **"inconsciente"**, "nivel de **energía"**, **"plusvalía"**, "electrón", etc). Ahora bien, **términos** que en cierto momento se consideran "teóricos", pasan a ser observables con el avance de la **ciencia** y de la **técnica**. Por ejemplo, las bacterias eran "teóricas" hasta que Leeuwenhoek inventó el microscopio y se las pudo observar (ver también **términos descriptivos**).

Términos universales: Términos cuyo **significado** es una propiedad o relación, de modo que en principio se la puede predicar de todos los miembros de una clase (de allí "universal") y que en general por medio de la cópula se pueden adjudicar a uno o varios objetos. Por ejemplo: "manzana" (que se predica de todas las manzanas), "hombre", "azul", "mayor que". Un término encabezado por un artículo indefinido o **cuantificador** ("un", "una", unos", "algún", "ciertos") es siempre un TU. Por ejemplo en las oraciones: "Sócrates es *un* hombre", "esto es *una* manzana", "*algunas* manzanas son inmortales". Opuesto: **términos singulares**.

Tesis: Primer momento de la **dialéctica**, el momento de la **afirmación**. También, idea fundamental de una **teoría**.

Tesis de la simetría: Argumentación que sostiene la existencia de una simetría **lógica** perfecta entre la naturaleza de las explicaciones y de las predicciones. La TS ha sido muy criticada por los defensores del **método hipotético deductivo**, con el argumento de que la **predicción** no tiene por qué implicar **explicación**: la predicción sólo exige correlación, mientras que la explicación requiere algo más: una **ley** o **hipótesis universal**.

Testeo: Puesta a **prueba empírica** de una **hipótesis** o **teoría**.

Trabajo de campo: Técnica de investigación caracterizada por la permanencia en el lugar que se va a estudiar, ya que requiere la participación activa del investigador. Utiliza **métodos** tales como la **observación participante** y la elección del informante clave. El TC debe dar un esquema claro de la **estructura** social estudiada. En particular, se destaca el tratamiento dado a esta temática por Bronislaw **Malinowski**.

Transformismo (Jean Baptiste Lamarck): Teoría que sostenía la herencia de los **caracteres adquiridos**, por los que las **especies** animales y vegetales se transforman en otras, debido a las influencias del medio. El ejemplo clásico que planteaba **Lamarck** es el de las jirafas. Decía que las jirafas ancestrales tenían un cuello corto. La necesidad de alcanzar las hojas más altas de los árboles las llevó a estirar su cuello progresivamente. Lamarck rompía con el **fijismo** al sostener que existía, mediante este mecanismo, transformación de una especie a otra.

Trascendental (Immanuel Kant): Categoría que se aplica al **conocimiento**, examen o **filosofía** acerca de la posibilidad del conocimiento y que se ocupa del modo en que conocemos en tanto es posible *a priori*.

U

Unidad de análisis: Dado cierto **análisis** que se lleve a cabo acerca de una parcela de la realidad, la UA será aquella cosa que pertenezca al recorte pero cuya **estructura** interna no es analizada.

Universal: 1. (adj.) Que abarca todos los elementos particulares existentes en una categoría. 2. (Ver **términos universales**). La controversia sobre su naturaleza dio lugar a la llamada **disputa de los universales**. Opuesto: particular.

Usos del lenguaje: Ver **funciones del lenguaje**.

V

Vaguedad: Falta de precisión o límites precisos en el **significado** de un **término**. Por ejemplo, cuánto quiere decir "mucho".

Validación: Constatación de que una **hipótesis** de trabajo está en correlación con **datos** de la **experiencia**. También puede hablarse de "**adecuación**".

Validez: Cualidad de los razonamientos o de las **formas de razonamiento**. La V es independiente de la **verdad**, dado que un **razonamiento** puede ser válido por ser lógicamente correcto y a su vez tener alguna **premisa** falsa y una **conclusión** falsa porque estas **proposiciones** no coinciden con lo que ocurre empíricamente. Un razonamiento es válido cuando de sus premisas se infiere la conclusión, cuando el resultado de afirmar las premisas y negar la conclusión es una **contradicción**. Así, la V de un razonamiento depende de su forma, de su relación **lógica**, independientemente de los que los **enunciados** signifiquen. Sólo de los razonamientos puede establecerse su V, nunca de las premisas –que son verdaderas o falsas-. Todos los razonamientos válidos son deductivos (ver **deducción**).

Valor: Cualidad positiva o negativa, escasa o abundante, que tiene algo para alguien. El V es el componente esencial de la **axiología**.

Valor de verdad: Cualidad de las proposiciones de ser verdaderas o falsas. La **verdad** y la falsedad son los VV que tienen las proposiciones. Si una **proposición** es verdadera, decimos que su VV es verdadero, y si es falsa, decimos que su VV es falso. En los **enunciados analíticos**, el VV depende de las relaciones internas del **enunciado**. En cambio, en los **enunciados sintéticos** el VV depende de su correspondencia con los **hechos** que describe. Así, el VV de estos últimos puede variar con las circunstancias, por

ejemplo, "Es de día en Buenos Aires" es una proposición (verdadera) a las tres de la tarde y es otra proposición (falsa) a las once de la noche. El cambio en el VV del enunciado se debe a un cambio de su **significado**, es decir, dependiendo de qué día se diga el enunciado la proposición expresada será distinta. El VV de una proposición no cambia: cualquier cambio en el VV se debe a un cambio de significado del enunciado. Otras veces, es técnicamente imposible de determinar, por ejemplo, en la proposición "Hace diez millones de años hubo un terremoto en la actual América."

Variable: Propiedad de un **fenómeno**, característica que puede variar en su calidad o en su cantidad. Elemento que se introduce en un **modelo** con el fin de poder determinar su **valor**. Se llama V a cada una de las propiedades de los **objetos** que están siendo estudiados. Si estamos estudiando a los niños, por ejemplo, una V será la edad, porque ésta variará de un niño a otro.

Variable antecedente: Variable que antecede a otra. Por ejemplo, la variable "estudios universitarios" tiene como VA a la variable "estudios secundarios".

Variable causada: Ver **variable dependiente**.

Variable causal: Ver **variable independiente**.

Variable continua: Variable que en su **escala** de medición admite infinitas posibilidades intermedias. Por ejemplo, el peso de una persona o la calificación de una película. Opuesto: **variable discreta**.

Variable controlada: Variable que el investigador pretende mantener en un punto fijo. Por ejemplo, si queremos mantener el agua en su punto de ebullición, el punto fijo será de 100 ć C y la VC será la temperatura. Opuesto: **variable controladora**.

Variable controladora: Variable que se utiliza para mantener en un punto fijo a una **variable controlada**. Por ejemplo, si queremos mantener el agua en su punto de ebullición, la VC será la intensidad del fuego.

Variable cualitativa: Variable que no admite la construcción de una serie numérica. La VC es utilizada en temas actitudinales o motivacionales. Por ejemplo, la actitud del electorado frente a un acontecimiento familiar de la vida pasada de un candidato. Otros ejemplos: la nacionalidad, la **religión**, los colores, la **clase social**. Opuesto: **variable cuantitativa**.

Variable cuantitativa: Variable que admite una **escala** de medición numérica. Por ejemplo, la cantidad de alumnos que cursan la enseñanza primaria en la Ciudad de Buenos Aires, la edad, el nivel de los **salarios** o el volumen de **exportaciones**. Opuesto: **variable cualitativa**.

Variable de control: Variable de prueba que permite determinar si la relación entre una **variable independiente** y otra **dependiente** es correcta o no (en cuyo caso será una **relación espuria** o "**falacia de relación causal**").

Variable de prueba: Ver **variable de control.**

Variable dependiente: Variable cuyo **valor** sufre modificaciones de acuerdo con las fluctuaciones de otra variable. Por ejemplo, si decimos que la **clase** alta suele votar a **partidos** de **derecha**, "clase alta" será la **variable independiente** y "voto a partidos de derecha", la VD.

Variable discreta: Variable que en su **escala** de medición no admite agregar posiciones intermedias. Por ejemplo, número de hijos o cantidad de listas que se presentan en una **elección** (aunque sí pueden hacerse promedios).

Variable endógena: Variable interior a un fenómeno y que influye sobre él. Por ejemplo, una crisis en el **gabinete** es una VE respecto del **sistema político.**

Variable exógena: Variable exterior que influye sobre un fenómeno. Por ejemplo, la **demanda** de soja proveniente de Europa es para la **Argentina** una VE. Opuesto: **variable endógena.**

Variable experimental: Variable que es creada y/o manipulada en condiciones experimentales. Por ejemplo, la variable "golpe" en los experimentos **conductistas** de **Watson,** quien golpeaba una barra de acero con mayor o menor fuerza para medir el miedo que el ruido le provocaba al pequeño Albert.

Variable extensiva: Variable que alude a la posibilidad de hacer proyecciones, es decir, de extender la asociación entre variables a otras categorías. Por ejemplo, el aumento del **presupuesto** puede impactar tanto sobre los **salarios** del sector docente como del administrativo.

Variable extraña: Variable independiente no vinculada con el **fenómeno** que se está estudiando pero sobre la que puede producir efectos o distorsiones. Por ejemplo, si queremos medir el nivel de lectura de un niño y hay un televisor prendido en la sala.

Variable independiente: Variable cuyo **valor** se supone que no está determinado por otra variable. Por ejemplo, consideremos que una de nuestras **hipótesis** de **investigación** sea que el nivel de educación de una persona varía según la **clase social** a la que se pertenece, ya que las condiciones económicas determinan posibilidades de acceso y permanencia en el **sistema** educativo. Esto significa que en la encuesta que realicemos la clase social será una VI, porque no estará determinada por otra variable. En cambio, "nivel de educación" será la **variable dependiente** porque se la supone determinada por la variable "clase social".

Variable intensional: Variable utilizada por el investigador para "encubrir" la verdadera variable a medir. Por ejemplo, si queremos medir grado de **prejuicio** de las personas, utilizamos otra variable que provoque menos resistencia (a la mayoría de los encuestados les costaría reconocerse como prejuiciosos aunque lo sean).

Variable interviniente: Factor externo a

las **variables**, sean éstas dependientes o independientes, vinculado con ambas. Es el caso de una **variable de control** o **variable de prueba**. Por ejemplo, si tenemos una variable A "nutrición en la infancia" (**variable independiente**) y una variable B "coeficiente intelectual adulto" (**variable dependiente**), "nivel socioeconómico" es una VI ya que altera la relación entre A y B.

Variable proposicional: Ver **forma proposicional**.

Variación correlativa (Charles Darwin): Fenómeno según el cual, cuando se producen en una parte leves variaciones y se acumulan por la **selección natural**, otras partes también resultan modificadas. En la **teoría** de la herencia, significa que lo semejante produce lo semejante: el albinismo, por ejemplo, se repite en varios miembros de una misma **familia**, de modo que la herencia de una característica es la regla, mientras que lo anómalo es la no herencia.

Verdad: Predicado que se puede atribuir o denegar en una **proposición** o **enunciado**. Según la **teoría de la V como correspondencia**, la V es un elemento del **saber proposicional** que establece una relación de correspondencia entre un enunciado y un **estado de cosas**: un enunciado es verdadero si describe un estado de cosas real y es falso en caso contrario. **Aristóteles** lo expresó de este modo: "Decir de lo que es que es y de lo que no es que no es, es lo verdadero."

Verdad contingente: Verdad de un enunciado que no puede establecerse por medios lógicos y que debe contrastarse empíricamente. Opuesto: **verdad necesaria**.

Verdad lógica: No **contradicción** formal. Llamada también **tautología**, una VL es verdadera bajo toda **interpretación**, es decir que su **tabla de verdad** sólo tiene valores verdaderos en la columna que indica el **valor de verdad** de la **proposición** en cuestión.

Verdad necesaria: Enunciado verdadero en todo mundo posible. Opuesto: **verdad contingente**.

Verdades lógicas: Ver **principios lógicos**.

Verificabilidad: Criterio de demarcación **científica empirista**, planteado por el **Círculo de Viena** (hemos desarrollado esta noción en la entrada **criterio verificacionista del significado**).

Verificable: Que puede ser verificado. Es una propiedad de las proposiciones. Una **proposición** es V si se le puede asignar legítimamente el **valor de verdad** verdadero, ya sea por medios lógicos (si se trata de una **verdad lógica**) o empíricos (si se trata de una verdad **contingente**).

Verificación: En un sentido amplio, se habla de V como la **contrastación** de una **hipótesis** con **datos** de la **experiencia**. Pero en particular, la V refiere a la **prueba** del **valor de verdad** verdadero de un **enunciado** en base a datos **empíricos** favorables al mismo. Desde el punto de vista del **verificacionismo** (Círculo de Viena en sus comienzos), es la demostración de la **verdad** de un **enunciado** en forma definitiva. Opuesto: en distintos sentidos, **confirmación, corroboración** y **refutación.**

Verificacionismo: Postura científica de una parte del **empirismo** o **positivismo lógico.** Para el V, de las **proposiciones** científicas se puede demostrar su **verdad** de modo definitivo, por medio de la **experiencia.** El V fue criticado por el **inductivismo en sentido amplio** o **confirmacionismo.** Los referentes más salientes del V son **Mill, Wittgenstein** y Schlick.

Verificar (inductivismo ingenuo): Probar la **verdad** de un **enunciado** en forma concluyente, lo que distingue a la **verificación** de la **confirmación** –que se basa en una verdad no definitiva sino probable-. Opuesto: **refutar.**

Veritativo: Referente a la **verdad.**

Verosimilitud (falsacionismo): Condición de una **teoría** de aproximación a la **verdad.** Es la máxima aspiración de una teoría ya que no es posible probar que sea verdadera.

W

Wittgenstein, Ludwig Josef Johann (1889-1951): Filósofo y matemático austríaco, uno de los fundadores del **neopositivismo** y analista de las **funciones del lenguaje,** ligadas a la **descripción** y representación del mundo. Aspirando a construir un **lenguaje** lógico perfecto, sostuvo que el **conocimiento** es una generalización teórica de percepciones **empíricas** y que la **lógica** revela la **estructura** del lenguaje a través de las **proposiciones,** que son "retratos" o "maquetas" de la realidad (**estado de cosas**) planteando además que el mundo se basa en **hechos** simples (**atomismo** lógico, influencia de B. **Russell**). Posteriormente abandonó esta perspectiva (luego de haberla desarrollado en el *Tractatus Logico-Philosophicus,* 1921) y delineó una concepción innovadora sobre el lenguaje cuya **tesis** fundamental es que el **significado** de los **términos** está dado por su uso en una comunidad de hablantes: en el lenguaje los **"juegos de lenguaje",** los usos prácticos, determinan significados y **sentidos.** A partir de esto inventó nuevas categorías para dar cuenta del lenguaje, plasmadas en su obra póstuma, *Investigaciones filosóficas* (1954). En virtud de este cambio se habla del "primer W" y del "segundo W". La influencia que esta obra tuvo en filósofos posteriores es tan grande que los historiadores hablan de un momento llamado "el giro lingüístico" a partir del cual el curso de las investigaciones en filosofía del lenguaje abandonó el modelo **Frege**-Russell-primer W, para dedicarse al estudio del **lenguaje natural.**

www.ingramcontent.com/pod-product-compliance
Lightning Source LLC
Chambersburg PA
CBHW051216160726
47994CB00002B/625